許しの法則

許しのパワーを用いて、
あなたの人生に幸せを引き寄せましょう

公衆衛生学修士・正看護師
コニー・ドミノ 著
大崎温子 訳
西沢有里 監訳

BあBEL
バベルプレス

本書を夫、マイクに捧げます。夫はこの本を書き上げるにあたり、尽くしてくれ、また助けてくれました。うちのかわいい子どもたち、ジョアンナとマシューへ。二人は支え、見守ってくれました。また私の「引き寄せの法則」講座と「許しの法則」講座の生徒たちに本書を捧げます。これらのすばらしい普遍の法則について、わたしが彼らに教えてきたのと同じくらい彼らから教えられました。

目次

序文

あなたがこれから読もうとしているこの本は、あなたの人生を変えるでしょう。

実際、人生を変える一番手っ取り早い方法を教えてくださいと尋ねられたら、私の答えはただ一つ、**許し**です。許しこそ、あなたの過去を飛び越え、未来の宝箱を開ける鍵なのです。許しはあなたを変え、夢にも見ないようなまったく新しい人生へとあなたを連れていくのです。愛、成功、平和……そこにはすべてがあります。あなたは手を伸ばしてつかみさえすればよいのです。

どうして私にわかるのかって？　なぜならコニー・ドミノに会ったとき、実際にそういうことが私に起きたからです。

簡単に言うと……許しが私の人生を変えたのです。

許せるようになるまでの経緯をきちんと説明するために、私の出自を手短に述べさせてください。私はニューヨークの上流中産階級の家庭で育てられました。わが家では怒りや恐怖、欲、アルコール中毒が日常茶飯事でした。反面、愛や尊敬にはめったにお目にかかれませんでした。つらい子ども時代でした。年頃になると、私はすぐに実家を出ました。実家で起きているようなことにはもう加わりたくなかったのです。けれど欠陥のある家庭に育った人間が問題を抱えがちなことは言うまでもありません。私にとっては真っ暗な世界でした。

一八歳の誕生日を迎える頃には、家庭内のごたごたに怒りを覚えるようになりました。でも怒りを爆発させてしまう大多数の人々と違い、私は怒りを胸に押し込め、外では平然とした表情を浮かべていました。そうすることで、すべて世はこともないふりを装うことができたのです。感情を飲み込み、抑え続けました。健康にとってはあまりよいことではありませんでした。

二五歳になると、ふつふつと湧き上がる怒りのせいで、私の姿勢は変化し始めました。肩が曲がり、前かがみになり、老婆のようになってしまったのです。まるで重い怒りが私にのしかかり、文字通り、だんだん私を弱らせていくようでした。実際にそうだったのです。姿勢はひどく悪くなってしまっていたので、通りを歩くときは、ほとんど誰とも目を合わせず、自分の足を見下ろして歩いていました。いろんなものにぶつからなかったのが驚きです！

三五歳になる頃には、鬱《うっ》積した怒りが体にどんどん溜まって、病気ばかりするようになってしまいました。毎週、何かしら新たな病気にかかりました。風邪、インフルエンザ、気管支炎、肺炎――。とにかくありとあらゆる病気です。「暗黒の時代」（今は愛情を込めてそう口にしますが）のせいで、自尊心はすり切れてしまいそうでした。そして過去を蒸し返したり、過去にふけったりすることに長《た》けてしまいました。世の中を否定的な眼鏡を通して見、厳しく冷たい場所だと思いました。芯まで深く傷ついて、どうやって癒やしたらいいかわかりませんでした。

怒りは仕事にまではね返ってきました。夫と私が設立しようとしていた会社が何とか軌道に乗りかかっていたときでした。会社にはもちろん顧客がいましたが、毎日が生き残るための戦いでした。その頃私は四〇代に突入していました。お金がなく、破産の危機がすぐそこまで迫っていました。

この頃でした。怒りが私を生きたまま蝕《むしば》んでいると理解し始めたのは。そこで自己発見の旅が始まりました。そこから数年間続く旅です。そのあいだに私は直感とどうつき合うかを学び、次に直感にどう耳を傾け、頼りにするかを学びました。本を読み、講座に出席し、内なる声、つまり直感に本気で耳を傾け始めたのです。二〇〇一年になると直感について、『God, is That You?（神様、あなたですか？……仮題）』という本まで執筆しました。神から与えられるアドバイスを信頼し、また自分の気持ちに従うことを学びました。私の旅は始まっていました。

生活が楽になり始め、暮らし向きも改善されてきました。また過去と昔々の暗黒時代についても理解し始めました。私はひどいことをしていた自分の家族を許せませんでした。でも理解できるようになり、乗り越えることができたのです。また内なる声に従って、金銭問題を解決することができ、会社を建て直すことができました。

その頃理解できなかったのは、心の奥深くに自分でも残っているとは思っていなかった怒りがまだいくらかくすぶっているということでした。私は癒やされてきていましたが、心に残った小さな傷が、仕事や人生で私が最大の可能性を発揮するのを妨げていたのです。

次の年、信じられないことが起こり、私の人生を永久に変えました。私はついに過去を乗り越え、愛と平和の暮らしに移行することができました。それ以来、仕事は野火のように広がっていきました。一時期考えていた破産を申請することもなく、今では借金がなくなりました。子ども時代の家族など、歴史の中の一つにすぎません。冷静なまま、何の怒りもなく振り返ることができます（書いてもいます）。まるで脳の中のハードドライブが消去され、古いプログラムのかわりに、愛や尊敬、平和、誠実、親切に満ちた新しいプログラムが走っているかのようです。今では信じられないくらいの愛で心は満たされ、また世の中も肯定的に見ています。四〇年以上も私の胸にくすぶっていた怒りは永久に去りました。

何が起きたのでしょう？

二〇〇三年の春でした。私が書いた本のうちの一冊の展示会で、直感（内なる声）が働き、私はある女性に近づいて話しかけました。彼女は自分が教えている講座について話しているところでした。その女性がコニー・ドミノでした。それから一週間ほどあと、コニーは私に「許しの法則」を教えてくれました。それは自己発見の旅で私が必要としていた最後のピースでした。私はとうとう発見したのです。

コニーの許しの講座の生徒さんたちのほとんどはもっと早く進みましたが、私は修了するのに一年以上かかりました。許しの作業がタマネギをどんどんはがしていくようなものだったからです。一枚はがすと、次の皮がありますし、それをはがすと次の皮が現れます。その繰り返しです。一枚一枚にたくさんの思い出が詰まっていて、そのたび、さらに多くの人々を許さなければなりませんでした。それでもとうとう怒りという芯にたどり着き、タマネギはなくなりました。でもそうなるには少し時間がかかりました。コニーは「根気は必ず報われますよ。人によっては、ほかの人より時間が長くかかる場合があるけれど、やるだけの価値はありますから」と私を励ましてくれました。

コニーの講座を受講したあと、私はベッドに座り、過去の軽い腹立ちから始めることにしました。激しい怒りについては、最後に取っておきました。なぜかって？　今すぐ両親をきれいさっぱり許すつもりにはなれないというのが大きな理由です。両親への許しは、私が跳び越えるには高すぎる障壁でした。

さて、目を閉じると、ある名前がはっきりと胸に浮かび上がりました。おかしなことです。ずいぶん長いあいだその人のことを忘れていたのですから。それは高校時代の古い友達でした。何年も前に仲たがいしてしまい、それ以来お互い口をきかなくなっていたのです。振り返ってみると、二人のあいだに起きたことがよくわかり、彼女を心から許すことができると思いました。すぐに（誰もいない部屋で声を上げ）コニーの講座で学んだ許しの宣言を口にしました。そして紅茶を飲もうと階下に下りました。

二時間ほどたった頃でしょうか。その友達から電話がかかってきたのです！　もう何年もかけてこなかったのに。お互いに詫びを言い合ってから、私は好奇心にかられて、こんなに年月がたったあとで、どうして今日電話してくれたの？　と尋ねました。すると彼女はこう言いました。二時間前（私が「許します」と言ったまさにそのとき）に高校時代、あなたにもらったイヤリングがドレッサーから落ちたの。その瞬間あなたの顔がよみがえり、電話しようと思ったのよ、と。

信じられない！

このできごとに勇気をもらい、許しの計画を続けることにしました。その上、少し気分がよくなり始めていました。そこで、過去に接した人々をどんどん許したのです。私が許すのは一度に二、三人でしたから、全員を許すには相当の日数がかかりました。まもなく思い出せる人を全員許していました。二、三週間後には、自分自身まで許すことができました。

すると、驚くべきことが起きました。肉体的にも以前より快適に感じ始めました。もう病気になることもありません。またどういうわけか、頭も明晰になりました。長い眠りから目覚めたような感じです。姿勢もよくなり、しゃんと立つようになりました。

その後、さらにもっと驚くことが起こりました。私たちの会社の売上高が伸び始めたのです！　まったく信じられないことでした。

なぜ、会社の売上高が伸びたのか？　過去に接した人々を許しただけで？　その二つがつながっているとは信じられませんでした。でも関係があるのです……。私は、「許しの法則」が効果を発揮するということの生き証人なのです。

数週間たつと、人を許せば許すほど、生活がよくなっていくことに気づきました。私はさらに肯定的に世の中を眺め始めました。まわりの人々は、私が違って見えると言い始め、「髪型を変えた？」とか、「やせた？」などと尋ねるようになりました。肌の状態までよくなったのです！

そのおよそ六カ月後、私の親族は長年の懸案を解決することにしました。亡き祖父のものだった私宅を売るかどうかという問題です。あいにく、うちではいつものことですが、どうすべきかでもめました。皆意見が違いますし、誰も妥協しません。あっという間に数週、数カ月たち、先の見通しは立ちませんでした。

ある夜、ベッドに座ってテレビを見ていて、ふと、親族一同を一室に集められたら、皆も互いに許し合うことができて、話が進むのではないかと思いつきました。許しは私の人生にプラスの働きをしてくれたので、私の親族も助けてくれるに違いないと思いました。それに家を売るには、互いに怒りを克服しなければいけないとわかっていたのです。困ったことに、親族が集まるのは無理な話でした。ほとんどはすでに亡くなっていて、まだ生きている者もアメリカの別の地域に住んでいて、互いに言葉を交わすこともほとんどなかったのです。

そこでコニーのアドバイスに従い、仮想の話し合いをすることに決めました。

たった今、頭の中に自分の子ども部屋を思い浮かべられますか？　ベッドを思い出せる？　壁の色が見えますか？　私が今お話ししているのはそういうこと——視覚化です。私はその晩ベッドに腰をかけ、空想にふけりました。自分が起きてほしいなと思うことを文字通り仮想劇として仕立ててみたのです。そして胸中に、その情景が広がっていくのを見守りました。

親族の面々が、大きなテーブルを囲んで立っています。数年前、内輪もめで皆ばらばらになっていました。でも、私はこの対立している親族がいるところを思い描きました。それから、自分がテーブルの端に立ち、彼らに向かって許しについて話すところを想像しました。許し合えば皆の暮らしはどうなるか。自分の生活がどう変わったかも話します。頭の中で彼ら全員を「見」、大声で話しかけました……。誰もいない自分の寝室で怒鳴っていたという事実は無視しましょう！

さらに想像してみました。一つ一つのグループに向かい、許しの境地に達することができるかどうか、ほかの人たちに話しかけてみましょうよ、と自分が言うところを。一つ一つのグループが語るところを見守り、お互いが許しの宣言を口にし合うと微笑むのです。兄と父親が話し合い、お互いに許し合うところを空想しました。また、私が言う許しの宣言を皆で声をそろえて一緒に言い合い、続いて互いに抱き合うところを想像しました。やったあ。

もちろん、実生活では彼らは決してそんなことはしないでしょう。それは私の白昼夢。そうだったらいいなと空想するのは勝手でしょう？　たとえ実現しなかったとしても、少なくとも私は気分がよくなりました。

翌日、とても不思議なことが起きました。親族と二、三度メールを交わしてみると、私が親族間の話し合いを取りしきることになっていました。それは奇妙なことでした。なぜなら親族の中で私が一番年下だったのですから。私は深呼吸して、メールを親族全員に矢継ぎ早に送信しました。そして問題は四八時間のうちにうまく解決し、家はほんの数週間後に売れたのです。本当にびっくりです！　なぜなら親族はこの問題で数年間もめていたのですから。

二、三カ月後、うちのガレージを洗っているとき、私は亡くなった父の古い箱を偶然見つけました。中にはあまり入っておらず、二、三枚の卒業証書と何枚かの古い写真とコーヒーカップがあるだけでした。写真を取り出し、何気なく素早くめくりました。そのときあることが起きました。両親の結婚写真に出くわしたのです。その写真を眺めたとき、両親の人生が眼前にぱっと浮かびました。両親が生きた世界が理解できました。その世界に従って両親がした選択に頷《うなず》けました。一瞬にして、一世代すべてを知ったのです。そして、両親は最善を尽くしたのだと悟りました。涙が頬を伝わってこぼれ、その場で両親を許しました。それからそこに立ったまま許しの宣言を口にしました。歩いて台所に戻ったとき、肩から荷が下りたのを感じました。肩に食い込んだ重みは少し軽くなりました。おかしな話でしょう？　それでも、荷が軽くなったのは間違いありません。ついに怒りの芯に届いたのです。とうとうやりました。まっさらの人生に移行する用意が整ったのです。

許しを成し遂げると物事がすごい速さで進みます。だからシートベルトをしっかり締めてくださいね！　うしろばかり見ていては、先に進むのは難しいのです。あなたがしがみついている怒りは一種のエネルギーで、あなたの中に溜まっていきます。怒りはねじれて奇妙な形になり、あなたを病気にするので、あなたは人生をしっかりと生きられなくなります。そのうち怒りのことしか考えられなくなり、すべてが怒りに集中します。毎日怒りながら生き、怒りを呼吸し、怒りを夢に見、怒りを飲み込むのです。もちろん怒りを心の底に押し込めておくこともできますが、怒りは密やかに、いまにも噛《か》みつこうとする毒蛇のごとくとぐろを巻いているのです。あなたは「私はもう許しました」と言うかもしれません。でも本当に？　誰かの名前を思っただけでまだまだ腹が立つのではありませんか？

いったん誰かを許したら、エネルギーは解放され、あらゆるものが適切な方向に流れ始めるのです。ダムのある川のようなものです。ダムを取り去ったらふたたび川の水はよどみなく滑らかに流れ出すのです。魚やカモ、亀、それにガチョウが戻ります。

これが許しです。

皆を許したあと、私の人生はふたたび流れ始め、今、私は平和と繁栄と愛に満ちたところにいます。過去についても振り返ることができ、今ではそこにあった愛も見つけることができます。いくつかの灯台を見ることさえできます。灯台――抜け出す方法を教えてくれた人々です。彼らは人生の嵐の中を案内してくれ、一筋の光明を掲げて暗闇を導いてくれました。また、立ちはだかった危機の乗り越え方を私に教えてくれ、人生の霧や厳しい嵐の中で、どう舵をとるべきかを示してくれました。私の灯台とは、今、思い出す人々です。実際のところ、あの暗い日々のことはよく思い出せません。記憶から消えてしまい、今ではあとかたもなくなってしまったみたいです。

最近二人の息子が私の子ども時代について聞いてきたときにわかったことですが、私は昔のことをあまり思い出せませんでした。私はぼうぜんとして、一生懸命何か話すことを思いつこうとしました。結局、二、三の愉快な話を何とか思い出しました。この話のどこがびっくりすることかというと、ほんの二、三年前まで私は子ども時代のありとあらゆる話を語ることができたからなのです。最近では過去のことは脳裏からきれいさっぱり消え去ってしまい、そのかわりぼんやりとした幸せな思い出で占められています。私のハードドライブから嫌なことが消去されて、よい思い出が上書きされたようです。もちろん、その気になったら何でも蒸し返せますが、もうそういうことはしたくありません。過去は癒やされたし、私は未来に向かってすでに歩み始めたのですから。

つらい過去をついに通り抜け、向こう側に行ったと私はいつわかったのでしょう？　とうとう皆を許したといつ自覚したのでしょう？

それは、以前の私が甘んじていたある種の力を私の家族がもはや持っていないと私が悟った日でした。

家族が心に浮かんでも感情的に反発することもなくなりました。やっと穏やかな気持ちで理解することができ、もはや過去は私には何でもないとわかりました。過去は終わったのです。私はとうとう、違う人生に向かって歩み出したのです。

許しは旅のようなものです。許しを続けていくと、いろんな戸が開くのに驚かされてばかりです。これっきり会うこともないと思った人々が戻ってきました。また、とても修復できないと思い込んだ状況が、奇跡的に一変したこともあります。許しは姿を変え、新しい視点や新しい出発点を与えてくれます。この旅は私の残りの人生でも続くことでしょう。

最近の私の暮らしは愛情と繁栄に満ちています。世の中を肯定的に眺め、ようやく平和にすごしています。今度は私が誰かに、かつての私のように生きているかもしれない誰かに平和を与える番です。私の一生の仕事は、灯台になることです。人々を、平和と愛情に満ちた、幸福な人生を送ることができる港へと安全に導くために。

ありがとう、コニー。私の灯台の一つでいてくれてありがとう。光を掲げて、私たち皆を暗闇から導いてくれてありがとう。

キャサリン・C・ジョバンニ

作家、講演者、コンサルタント、国際接客マナー担当者

また新刊本『Going Above and Beyond: How to Think and Act Like a Concierge（責任以上をやり遂げ

る：コンシェルジュのような行動と考え：仮題）』の著者

www.triangleconcierge.com and www.katharinegiovanni.com

序論

二〇〇一年に私は「引き寄せの法則」を講座で教え始めました。夢や目標に向かって長年努力し続けてきた受講者たちが「引き寄せの法則」を実践し始めると、数週間でその目標を達成することができたのです。私はこの精神的で社会的な法則に驚き、畏敬の念に打たれました。二〇〇四年に私は「引き寄せの法則」の使い方を述べた『Develop Irresistible Attraction（強力な引き寄せの力を身につけよう：仮題）』を書きました。また二〇〇七年の始めに、『ザ・シークレット（The Secret）』（ロンダ・バーン著、角川書店）のDVDが「引き寄せの法則」を世界中の視聴者に紹介してからは、この法則を自分の暮らしにどのように応用すればよいのかを学びたい人々が増え、わたしが教える人々の数もずいぶん増やすことができました。

「引き寄せの法則」は普遍の法則であり、理解できる人なら誰でも自由に使うことができます。「引き寄せの法則」は「万有引力の法則」とまったく同じように、結果が予測でき、不変です。「万有引力の法則」が物理的法則で、私たちの身体に影響を及ぼすのに比べ、「引き寄せの法則」は**精神**や**社会性**に関する法則です。精神に関する法則も身体に関する法則も、ごく**自然**なものと考えることができますし、両方とも物理的世界や物質的世界に影響を与えることができるいくつかの特質を備えています。私たちは「万有引力の法則」やほかの物理的な法則を長年にわたって学んできてよくわかっていますが、精神や社会性に関する宇宙の法則はまだ発見したばかりで、真剣に取り組み始めたところです。では「引き寄せの法則」はあなた個人にどう影響するのでしょうか？「引き寄せの法則」は私たちに次のようなことを教えてくれます。

- 私たちが実生活において経験するすべては、（よかれ悪しかれ）自分の考え、感情、祈り、行為、無為、魂レベルでの決定が引き寄せたものだ。
- 私たちは、考え方（そして**感じ方**）を改め、信じるもの、自分への言い聞かせ（独り言）や行動を変えることによって、状況を変えられる。
- 夢を実現するために必要なエネルギーはすでに手の中にあり、私たちの思いや信念がそのエネルギーを物質的世界で実在化させるのを待っている。
- 愛とは燃料である。また信念とは、実現のための手段だ。愛と信念よりも強力なものはこの世にない。

私たちは文字通り現実を創造できるのです。望む人生を創造し、願いや目標や夢を「引き寄せの法則」を使って実現できるのです。

二〇〇二年に「引き寄せの法則」の講座をいくつか行なったあと、この精神についての強力な法則を受講者に教えるだけでは十分ではないと気づきました。講座に出席した人の中には、決まったプロセスを実行しているのになかなか効き目が出ない人が幾人かいました。そのうち、怒りや憤りを抱き、許すことができないせいで自分たちの夢や目標を実現できない人が多いことが明らかになりました。そこで「許しの法則」を講習に加えることにしたのです。気づいたのですが、離婚経験のある受講者は未婚の人ほど早く目標を実現できません。未婚の人や離婚経験のない既婚者の場合は早々と実現するのに。結婚に失敗した人は怒りや憤りでいっぱいになっています。話し声にも彼らが怒りを抱えていることがうかがえます。またよく感じることですが、離婚した人ばかりでなく、家族や友達、仕事仲間に腹を立てている人もなかなか目に見える成果を得ることができません。宇宙が与えてくれる幸運に門戸を開くため、怒りを解消する必要があるのは明らかでした。そこで私は「許しの法則」も教え始めたのですが、自分が、これまで目にしたうちでもっとも強力な個人的成功をおさめるための方法を教えているのだとは夢にも思っていませんでした。私は「引き寄せの法則」を作動させるためのさまざまなテクニックを教えましたが、「許しの法則」が今まで体験してきたどんなものより早々と目標を実現し、暮らしをより豊かなものに変えるとはわかっていませんでした。時がたつにつれ、「許しの法則」が私の本の読者や講座の受講者の皆さんにどれほど深い影響を与えたかという話がどんどん寄せられるようになりました。読者や受講者の皆さんは目標や夢を実現させたばかりか、人生がまったく予想もしていなかった方法で癒やされたのです。びっくりするような変化を繰り返し目撃してからは、「許しの法則」は個人の生活を変えられるばかりでなく、文字通り世の中を変化させる可能性があることに気づき始めました。この強力な法則だけを取り上げた本を書こうと思いたったのはその時でした。

この本には、この驚くべき「許しの法則」をあなたの人生に用いるために必要なことはすべて盛り込んであります。実行すれば、ヘンリー・デイビッド・ソローの言葉にある通り、あなたは『……見えない境界をわたるだろう。これまでとは違った普遍的でより寛大な法則が定着するだろう。……（またあなたは）より高いレベルの生活を送ることができるだろう』

この本は、許しについて書かれたほかの本とどう違うのでしょう

あなたはこうつぶやいていませんか？「許しについて書かれたほかの本と違うって？ひょっとして、コニーは私が何度も聞いてきたのとは違うことを教えてくれるのかしら？」そう、しっかり聴いて。あなたの人生をすぐに、しかも永久に変えられる、簡単で、用いやすいテクニックを教えるのですから。

許しについて書かれたいろいろな本を読むと、許しとは何かについてよく教えられていると思います。細部にわたって書かれた本もあり、許すために用いるステップを具体的に、豊富に教えています。こうい

った本はすべて、許しが心理的に、感情的に、社会的に、そして肉体的にもあなたをどれほど楽にするかという点に集中して書かれています。けれども目にしたどの本も、許しを、夢や目標を実現する助けにする――しかも早々と――簡単な方法について教えてはいません。許しを夢や目標と同列に扱った本は一冊もありません。でも本当に、許しはあなたが望むところへ行く助けとなってくれます。またそれが最速の道なのです。もしあなたが今、幸せや成功を求めてもがいているのなら、許せないとの思い込みこそ、人生での最大の障壁――許せない、ということが、あなたの人生のあらゆる分野で、夢や目標が実現するのを阻んでいるのかも――と知ることに興味を持つかもしれません。

　あなたにお伝えしようとしているテクニックには、長々とした、時間のかかる練習はありません。「習得に三〇日」や「九〇日でできる」といったテクニックではありません。許しのテクニックは、あなたが真剣に実行すればすぐに効果が出始めます。五分間で目標を達成した人々もいました。もう少し時間のかかった例もあります――許しのテクニックをすべてやり終えてから二、三時間、あるいは一週間など。自分の置かれた状況の性質によっては、十分に許しに取り組むまでもう少し日にちのかかる人もいます。

　このテクニックは、あなたの家の中でこっそりと行なえます。誰かと接触する必要はありませんし、また特別な道具や技術もいりませんし、予習も練習もいりません。その簡単さは本当に驚くほどです。簡単すぎるからこそ、長いあいだ見過ごされてきたのです。信じようと信じまいと、許し方を学び、そのあとにやってくるびっくりするような結果を体験するために、割れたガラスの上をはってできた傷痕を見せたり、複雑な手続きを取ったりする必要はないのです。許す方法と、またそれと同じくらい大事なこと、自分が許したことをどうやって知るかをこれからお教えしましょう。

「許しの法則」とは？

「許し」を法則として取り上げるなんて妙に聞こえるかもしれませんね。しかし許しとは法則なのです。「許し」は精神や社会性に関する法則で、実践されれば物質界にも影響をもたらす可能性があるのです。物理学の「万有引力の法則」のように普遍的で不変です。何度も利用することができ、すばらしい結果を出せるいくつもの性質を持っています。心から許したいと思う人が許しを実践すると、エネルギーが動くのです。

「引き寄せの法則」と同じように、私たちは今、許しに本来備わっている可能性のすべてを学び始めているところです。前述のように、私たちの宇宙と人類は、結果が予測できて不変の法則によって支配されています。これらの法則を飲み込み、同調すれば、私たちの生活はもっとスムーズで活発になり、さらにもっと短時間のうちに成果をあげることができるのです。「万有引力の法則」のような物理法則の中には、私たちがよくわかっていて、毎日の暮らしに有効活用できるものもあります。私たちは「引き寄せの法則」や「許しの法則」という別の法則についてはは理解し始めたばかりです。これらの法則は「万有引力の法則」のように、いったん学ぶと、日々の暮らしに取り入れて、実際に応用して使うことができ、その驚くべき成果を体験することができるのです。

もしこういう自然の法則の導きや教えに従えば、すばらしい知恵を授かることになるでしょう。心理学者であり聖職者であった故ダン・カスター師は『The Miracle of Mind Power（思念の持つ奇跡の力：仮題）』の中でこう述べています。

『自然は、偉大な恩恵を与えると同時に許しの存在でもあります。鋭い刃物で手を切ったら、自然という力が働いて、すぐケガを治してくれます。手を切ったのは過ちですが、自然は傷を治すのをやめたりしません。自然は直ちに許し、癒やし始めるのです……。自然は荒廃してしまった戦場も草や花で覆い、修復しようとさえします。自然は、私たちが役目を果たせば、調和へと連れ戻し、幸福と平和の暮らしへ戻してくれます。だから許しは自然なのです。』

意味論

許しに関して人々が使う言葉はいくつもあります。「釈放される」、「解放される」、「勘弁される」など。でも「許しの法則」は「万有引力の法則」のように、自然で、普遍的で、常に不変です。ですからどんな言葉を使おうと関係ありません。性質については変わらないのです。この点を説明するために、「万有引力の法則」について考えてみましょう。引力は、あなたがキリスト教徒であろうが、ヒンズー教徒であろうが、イスラム教徒であろうが、ユダヤ教徒であろうが、仏教徒であろうが、ほかの宗教の信徒であろうが関係なく働きます。引力は常に存在する力であり、誰であろうと、どんな宗教の信者だろうと同じように働くのです。もしある人が二一階建てのビルの屋上から落ちた場合、その人が何教を信じているかに関わりなく、「万有引力の法則」により、何が起こるか予測できます。「許しの法則」も同じです。あなたがもし「許しの法則」を用いるなら、あなたの信仰には関係なく、あなたに効果を及ぼすでしょう。

看護師で研究者のアン・ジェントリーと同僚たちが**許し**という言葉の語源を研究しました。彼らは、「許し」(forgiveness)のforの起原が中世英語とアングロサクソン語のforeから由来していることを発見しました。foreはawayを意味しています。giveの起原は中世英語の言葉geveから派生しています。これは古ノルド語、gefaが変化したもので、何かをほかの誰かに託すことを意味します。許すとき、自分を傷つけた人に「許し」という**贈り物**を与えていると思う人が多いのですが、「許しの法則」を用いて、怒りや憤慨をやめたり手放したりすると、驚いたことに、**贈り物**は、より平和で、楽しく、幸福――何よりもうれしいことに、目標や夢が実現する――という形をとって自分のものになることに気づくのです。

大切なのは、「許しの法則」を実践するときに、あなたが選んだ言葉があなたの心に響くことです。だったら「許し」(forgive)のかわりに、**解放**(release)という言葉を使ってもいいのでしょうかと聞いてきた人もいました。許しを実践すると、肯定的な未来をもっと楽しむために、過去を**解き放**っているのです。これは決して過去の罪を大目に見ているとか、忘れているということではありません。そうではなく、あなたの人生にのしかかるその重荷から解放しているのです。だからもしも**解放**の方があなたに効果があるのなら、使ってかまいません。

「許しの法則」を論じるにあたって、あなたが普段使わないような言葉を私が使ったら、あなたにぴったりくる言葉に変えてください。私は、**祈り**（prayer）と**思い**（thoughts）と**瞑想**（meditation）という言葉を区別せず使うでしょう。あなたの人生観や慣例にもっとも合う言葉を選んでよいのです。私はキリスト教の習わしや信条や経験の中で育ちました。ですから、自分の信仰生活からの例を、いくつか挙げていきます。あなたは自分の信仰での慣わしや信条や経験からの例を踏まえたいかもしれません。またあなたが信仰の好みや慣わしを持っていなくても大丈夫です。「許しの法則」は効果を発揮するでしょう。

つぎの節では、世界中の主要な宗派が、許しの大切さを教えていることが書かれています。さらに主要な宗教はまた、「黄金律」についても必ず何らかの形で教えているのです。比べてみると、私たちは異なる信仰を持つ人々と、想像以上に多くの共通点を持っています。大事なことは、意味論にとらわれないことです。さもなければ、私がこれまで学んできた、あなたの目的や夢を実現させ、人生を癒やし、世の中をよりよい場所にするためのもっともわくわくする法則を見逃すことになるでしょう。

世界の宗教における許し

私たちは思想や宗教の指導者から、絶えず許しの大切さについて聞かされます。世界の主要な宗教はどれも、許しは必要で大切なことだと教えています。許しは世界的に受け入れられている原則で、愛や、受容、調和、まことの幸福のための共通の土台となります。チベット仏教の現在の宗教指導者であるダライ・ラマは、幸福とは私たちの存在にとって自然なことなのだと信じています。彼の著書『ダライ・ラマ心の育て方（The Art of Happiness）』（求龍堂、二〇〇〇年）でダライ・ラマはこう述べています。「人生の究極の目的とは、幸福を追い求めることです。明白なことです。宗教を信じても、信じなくても、この宗教を信じようが、あの宗教を信じようが同じことです。私たちは皆、人生によりよいものを求めているのです。だから私は、私たちの人生は、幸福へと向かうと思うのです」ほとんどの思想や宗教の指導者たちは、自分やほかの人々を許すことが気持ちや心や魂をすがすがしくする方法の一つであり、許すことでより大きな安らぎや幸福感を感じるようになると認めるでしょう。

私たちの宗教――何百万という信者を持つ――は、人々が自分自身の中に、またほかの人とのあいだに、安らぎを見出だす助けとなり、大きな役割を果たすことができます。宗教の指導者が互いに許し合って和解し合えたら、すばらしい手本となり、とても有益でしょう。長いあいだ、いろいろな宗教の信心の違いから争いが起きてきた世界においては、許しについて討論する価値があります。興味深いことに、宗教を比較すると、許しがどの宗教にも通じる多くの教えの一つだということがわかるのです。

■仏教

仏教は基本的に怒らないことを信者に教えます。つまり、情けや憐れみ、同情の喜びにひたりながらふるまうことによって、許しを必要とする憤りを増大させずにすむという思想です。仏教では、怒りや憤りが気持ちや精神の安寧にダメージを与えるとわかっているのです。仏教を実践する人たちは、怒りの結果として起こりうる苦しみの連鎖を避けるため、瞑想を通じて憤りを解き放つよう勧められます。

■キリスト教

キリスト教では、許しは神に起原があると教えます。クリスチャンは、神が許したのと同じようにほかの人々を許しましょうと教えを受けます。もっとも多くの宗派では、キリスト教にはさまざまな宗派があり、おのおの少しずつ違った立場にあります。キリスト教には、人間の罪や悪行に対する神の究極の許しは、キリストの流した血を正義のための究極の犠牲であり、神の裁きをかわりに受けたものと認めることでなされると信じています。信者は神に罪を許したまえと祈り、願うよう教えられます。一方で、神から分かたれてしまったという感覚が、実際に罪やおびえにつながる錯覚となっているのではないかと信じるクリスチャンもいます。彼らは、たとえ罪やおびえを抱いても、許しを実践することで、解放されうると信じています。ほかの人々を許せば、自分のことも許すことができるようになり、神と分かたれたという錯覚も癒やすことができるのです。聖パウロはキリスト教が確立されるうえで大きな役割を果たした人でしたが、こう言っています。「許しなさい、神が汝を許し給うように」

■ヒンドゥー教

ヒンドゥー教を実践する人々は、許しとはそれ自体が偉大な力であると信じています。ヒンドゥー教の指導者、ヴィドゥラは伝えます。

『許しとは、この世（のすべて）を征服します。許しによって成し遂げられないものがこの世にあるでしょうか？　意地悪な人でも、手に許しの軍刀をたずさえた相手には何ができるでしょう？　草のない大地に降り注ぐ火は、そのうち消えてしまいます。また決して許さないという人は、さまざまな非道な行ないで自分を冒瀆《ぼうとく》するのです。高潔というのは善の頂点です。許しはこの上ない平和です。知識は最高の満足で、また善行は、唯一の幸福なのです』（『マハーバーラタ』ウドヨガ・パルヴァ三三節より　訳スリ・キサリ・モハン・ガングリ）

またヒンドゥー教では、神に許してもらえるようお願いできると信じています。寺院での儀式には、人間の限界としての罪をお許しくださいという神への祈りから始まるものもあります。

■イスラム教

イスラム教を信仰する信者は、互いに許し合うべきであり、信者もまたアッラー（アラビア語の**神**）に許されるはずだと信じています。どこから許しがもらえるかは、犯した悪事で決定すると信じています。もしもアッラーからの神の許しが必要とされる悪事なら、その者は罪を悔いるべきです。ある者が他者を許すのなら、お互いに許し、許されることが大事なのです。

神アッラーからの許しを受けるためには、許しを請うだけではなく、アッラーの前で、悪事を働いたことを悟り、認め、もう二度と繰り返しませんと約束する必要があります。ほかにも関わっている人がいるなら、信者はこの三つに加え、さらに傷つけられた人に許しを請い、相応の償いをしなければなりません。イスラム教の経典であるコーランにはこう書かれています。「寛容であれ、そして親切な行為を求めよ」（七：一九九-二〇〇）

■ユダヤ教

ユダヤ教の信者は、神や人に許しを請います。しかし、悪事が神に対して犯された場合には、神からの許ししか求めることができません。他人に対して悪事を働いたときは、その人物に許しを請わねばなりません。もし許しを求める人が誠実に正直に詫びるなら、被害を被った者はユダヤ教に基づいて、許しを与えてやらなければなりません。罪人が詫びないときは、被害を被った者は自分でそうしようと思わない限り、宗教上、許す必要はありません。トーラー（ユダヤ教の経典）ではこう説いています。「罪人に許しを請われたら、真心をこめ、快く許してあげなさい……。許しは、イスラエルの子孫たちにふさわしい」（ミシュネー・トーラー、二：一〇）

ヨム・キプル（大贖罪日《しょくざい》）は、ユダヤ教においてはもっとも大事な日、正式な贖罪《しょくざい》の日です。ユダヤ教徒はこの日は一日中絶食し、祈りを捧げ、前年中に神に対して犯した罪について許しを請います。ヨム・キプルの直前、ユダヤ教徒は前年に他人に対して犯した罪を一つ残らず、仮にまだ正していなくても、相手に許しを請うことで正すことができるのです。

許しについては、非常に多くの人々がそれぞれの宗教の教えに親しんでいるので、許しのテクニックを試し、他人に教えるのにもまったく抵抗はありません。

ある人にこう尋ねられたことがあります。「大いなる力によって許すことはできないでしょうか」と。たとえば、「神の愛に誓って、あなたを許します」というふうに。あなたが真心を込めて他人を許す限り、それでよいと思います。前述の主な宗教では、神の私たちへの許しと、私たちの互いへの許しの大切さについて述べています。言い換えれば、もしあなたが神を通して許したいと思うのなら、それでもよいでしょう。ただし、仮にそうしたとしても、あなたが個人的に、また誠実な気持ちで、あなたにひどいことをした人を許しているのだということをわかっていてください。

＊＊＊＊＊＊＊＊＊＊＊＊＊＊＊＊＊＊＊＊＊＊＊

黄金律

許しの勧めに加えて、どの宗教でも黄金律をいくつか教えています。すべての宗教の真髄を一文にまとめてくださいと頼まれたら、こうなるでしょう。大いなる力である神を愛しなさい、自分を愛しなさい、他人を許し、また自分を許しなさい、他人や自分自身に親切にしなさい、あなたが扱われたいように他人を扱いなさい。もし世界中の人々がこの短いアドバイスを忠実に守ったら、世界はどれほどすてきな場所になるでしょう。

世界中の宗教によって定義された黄金律が書かれたこの一覧表を見てみると、私たちは、お互いに違っているところよりも、相通じているところのほうがずっと多いことが明らかです。もし私たちが世界中に伝えられたこのシンプルな教えを取り入れたら、世界はどれほど変わるでしょう。

バハイ教：汝のせいとはみなさないものを他者のせいにしてはならない。また、汝自身に言わないことを他人に対して言ってはならない……。またもし、汝の目が正義を見据えているなら、汝が己のために選ぶことを、汝の隣人のために選びなさい。

仏教：人は誰しも、自分がされたら傷つくようなやり方で他人を傷つけてはいけない。

ウダーナヴァルガ五：一八

儒教：子貢が尋ねました。「生涯貫き通すべき、行動の指針となりうる一言はありますでしょうか？」孔子は答えました。「それは『恕』――相互関係――だ。おまえが望まないものを、他人に押しつけてはならない」

論語　衛霊公　第一五　二三

キリスト教：だから、何事でも人々からしてほしいと望まれることは、人々にもその通りにせよ。これが律法であり預言者である。

マタイによる福音書七：一二（欽定訳）

イスラム教：自分のために望むことを汝の兄弟のために望むまでは、誰一人として（本当の）信者ではない。

イマーム・アンナワウィーの四〇のハーディスの第一三の伝承

ユダヤ教：汝が嫌うことを、他人にしてはなりません。これが掟です、残りのことはすべて解説にすぎないのです。

タルムード、シャバット項三一 a

アメリカ・インディアンの教え：すべてのものは私たちの身内です。あらゆるものにしてやることは自分にしてやることなのです。すべては真に一つなのです。

ブラック・エルク

道教：隣人が得たものを、己も得たとみなしましょう。また隣人が失ったものを、己も失ったとみなしましょう。

太上感應篇

ユニテリアン主義：私たちは、私たちもその一部である全存在が相互依存のタペストリーを形作っていることを認め、尊重していきます。

****

汝の敵を許せ

どの宗教にも、あなたにひどいことをした者を許すことの大切さを説く教えがあります。ここでは、私がキリスト教でよく親しんでいる例を挙げることにしましょう。あなたはどうぞ、ご自身の信念体系、信仰、習慣または人生観の中から例を見つけてください。キリスト教の教訓では、イエスのお告げは「汝の敵を愛せ、また汝を迫害するものを許せ」です。新訳聖書によると、十字架に架けられたとき、イエスは迫害者を許しました。「父なる神よ、どうぞ彼らをお許しください。彼らはしていることがわからないのです」イエスが敵を許し、私たちにも同じようにするよう教えたとき、イエスは単に、他人のために行なうすばらしく気高い教えについて語っていたわけでありませんでした。「許し」という行為には実際に超自然的なパワーがあるという考えを伝えようとしていたのです。イエスは自分の言葉やふるまいで私たちに教えていたのです、人を許すとき、私たちは負のエネルギー（悪と表現する人もいます）を実際にさえぎっており、敵の怒りをやわらげているのだということを。さあ、これがその力《パワー》です！

最後の二文は繰り返し読んだほうがいいかもしれません。この考えが腑に落ちるまで、二、三分はかかるかもしれません。というのは、私たちの社会では、「許し」という言葉と「パワー」という言葉を同列に扱うようには教えられてこなかったからです。残念なことに私たちは、「許し」という言葉を「大目に見る、屈服する、力なく降伏する」と同一視するよう教えられてきました。それにもかかわらず、時代を越えて現代まで語り継がれているたくさんの物語によって、「許し」は本来、偉大な力を持つ戦略だということが示されています。非常に多くの物語の中で、恐ろしい状況にありながら、襲撃され、強奪され、また殺されそうにさえなるときにも、敵に愛や、受容や、許しを示すことができた人々のことが語られてきました。彼らは皆驚きました。攻撃者であるはずの相手が、文字通り向きを変え、逃げ去ったのですから。

二〇〇五年三月、まさにこの原理がジョージア州アトランタ出身のアシュリー・スミスによって実証されました。彼女が、判事を含め四人を殺したばかりのブライアン・ニコルスの人質になっていたときのことでした。この身も凍るような試練の場で、アシュリーはどうにかニコルスの信頼を勝ち得ることができたのです。その後の会見で、アシュリーは、家族への愛と信仰の大切さについて語っただけだと話しました。「私は彼に話しかけ、彼の信頼を得ようとしただけです。娘に一目会いに行きたくてたまらなかった。そのことが本当に大事でした。ブライアンにはもう誰かを傷つけてほしくなかったのです」さらにアシュリーは、人生の目的や個人の資質や才能についてブライアンと意見を交わしました。彼女はブライアンとただ語り合い、愛情や理解を見せただけでした。命を脅かされていましたが、それでもアシュリーは共感や思いやりや許しの余裕を持つことができたのです。

翌朝、ブライアンは、アシュリーが警察に通報するとわかっていながら、娘に会いたいのなら行け、と彼女を解放しました。アシュリーは警察を呼びました。ブライアンは弾丸をこめた銃を何丁も身につけていたにもかかわらず、警察に連行されるとき逆らいませんでした。

愛と許しに満ちた本物の力で、アシュリーは（アシュリーに至るさまざまな人々のように）犯罪者に銃を放棄させることができたのです。私は信じます。これは、アシュリーが放った力強い感情の振動が、真の愛や共感を生み出したときにあまりにも強くなったため、加害者になるはずの敵はエネルギーの変化にあらがえず、銃を置かざるをえなかったのです。許しはとても力強い本物の戦略、あるいは戦法であり、エネルギーに満ちているので、個人の生活を変えられるだけではなく、大規模に適用すれば、文字通り世界を変えることができるということがおわかりでしょうか？

どうやったらそれほど大きな振動の起こし方を学べるのでしょうか？　私たちを傷つけた、あるいは傷つけたいと思う人々を許すくらい強く振動するには？　私たちはここ数年、許しなさいと言われてきました。でも許し方をまったく教わりませんでした。この本ではただそのこと――目標にたどりつくための技――について述べています。

リン・グラブホーン著の素晴しい本『「気分」の力で人生うまくいく（Excuse Me Your Life Is

Waiting)』（講談社、二〇〇五年）では、リンは私たちの「感情」が、自分の振動を決め、またその振動の大きさが毎日の生活でどんな目にあうかを決めるということについて、詳しく書き、明らかにしています。私たちは皆、ほかのすべてと同じようにエネルギーでできています。エネルギーは波のように進むだけでなく、「振動する」と科学者は結論を下しています。リンははっきりと説明しています。私たちは、宇宙の振動する「磁石」なのです。肯定的な気分だとより高いレベルで振動し、高いレベルで振動すればよい気分になります。なぜならそれが本来の状態だからです。感情が落ち込むと低いレベルで振動し、不機嫌になるか、無気力になり、または無感覚を引き起こしてしまう場合すらあります。というのは、低いレベルで振動するのにすっかり慣れてしまうかもしれないからです。エネルギッシュな磁石のときは、私たちは振動している場所に応じて、人や境遇、あるいはいろんなことを引き寄せるでしょう。ですから、もし「不幸続き」だと思えてきたら、自分が振動している場所を見てください。「同気相求む」なのですから。

多くの人々は、激怒や憤りを感じると、とても低いレベルで振動することになり、そうなると望む目標を実現するためのエネルギーの大半をさえぎることになるのです。先ほども述べたように、特にこれは、離婚した、あるいは離婚しようとしている人に当てはまります。彼らは元の配偶者に対する大きな怒りを抱いていて、許しの念などありません。そういった参加者の多くは、扶養手当や子どもの養育費、どちらがボートの所有権を得たかといった恨みのせいで、「許しの法則」をやり遂げるまで、夢や目標を実現するのに必要なエネルギーを解き放てません。許しの中にではなく、憤りと苦痛の中に固く縛りつけていたエネルギーを全部解放すれば、すぐさま目標が実現し始めるのです。これはまた、自分を不当に解雇した上司や、虐待したり無視したりした両親や、頼りとする人に暴言を吐くティーンエージャー、そのほかいろいろな理由——ある人が別のある人に対して怒りを抱く理由——でいろいろな人たちに対する怒りを抱えて私の講座に来られる方々にも用いることができます。「許しの法則」を学び、取り入れると、あなたはエネルギーの高まりをまさに今ここで使えるようになります。怒りの残した穴を目標が次々と埋めていくのです。

すべてのものはエネルギーからできていて、またエネルギーは波のように進みます。エネルギーは作られることも壊されることもありませんが、次から次へと状態を変えることを科学者が発見しています(「熱力学の第一の法則」として物理学上知られています)。それゆえエネルギーは形を変えやすいのです。この議論を続けるため、エネルギーは粘土のようなものだと考えてください。つまり、世界中のエネルギー的なものは、私たちが創作することによって夢の実現という形に形作れるのです。私たちが怒ったり憤慨したり許せなかったりすると、これらの感情があなたの願う目的や夢にたどり着くためのエネルギーを妨げるダムとなるのです。許して、怒りや憤りを解放すると、ダムが開放され、今までせき止められていたエネルギーがあふれ出て、目標や夢の実現に使えるようになるのです。

一章
私が「許し」を理解するまで

私が許しについて最初に学んだのは信仰からでした。子どもの頃、牧師さんが、許しは大切だと話されるのを聞いたことを覚えていますが、当時の私は目の前の苦痛や不満のことばかり考え、どうすれば許せるのだろうと思っていました。ただ「あなたを許します」と言えばいいだけ？　それとも、自分もまたそう感じて、心からそう思わなければ効き目はないの？　その人たちのそばに行き、もう許しましたと知らせるの？　幾度となく私は「〇〇さんを許した」と思いましたが、古傷の痛みや怒りを感じると、本当にその人のことを許したのだろうかと疑問に思ったものです。一九八八年に私の人生を変えるようなできごとがありました。母国での戦争を生き抜き、許しによって大きな変身を遂げた人々に教わる機会があったのです。私の冒険が始まったのは、夫のマイクと私のほか、私たちが通っていた教会の信者三名が付き添って、一〇代の少年たち一〇名をイギリスのコヴェントリーへ連れていったときでした。私たちの教会は、一九七〇年代以降三年ごとにコヴェントリーに若者たちを送っていました。一週間の学習と労働の合間に、若者たちは「釘の十字架」（Community of the Cross of Nails）という団体について学ぶのです。CCNの活動は、第二次世界大戦で聖ミカエル大聖堂がナチス率いるドイツ空軍に爆撃されたあと、コヴエントリーで始まりました。ＣＣＮは、若者が戦争によってもたらされた荒廃を学び、平和と和解を実現するためにどうやったら戦争を防げるのかを学ぶことが大切だと感じていました。

イギリスのコヴェントリーの大部分が一九四〇年一一月一四日に焼夷弾で破壊されました。私たちが訪問する機会を持てたコヴェントリーの人々は、この当時子どもでした。彼らは自分たちの経験を語ってくれましたが、その記憶は彼らの脳裏にいまだにまざまざと息づいているのがわかりました。この国で第二次世界大戦を生き抜いてきた人々は深く傷ついているだろうと思っていましたが、そのあとのあらゆる世代が、同じように影響を受けていることに少し驚きました。年齢にかかわらず、彼らが戦争について語ると、それはまるで昨日起きたことのように聞こえます。心の中では今なお鮮明な記憶なのです。イギリス全土を合わせてもアメリカの多くの州には大きさで負けますし、そのほとんどの地が第二次世界大戦中に爆撃されたということを忘れないでください。国中がコヴェントリー攻撃でもたらされた荒廃をひしひしと感じていたのが想像できるでしょう。イギリス軍は、コヴェントリー爆撃の報復として、ドイツのドレスデンを攻撃しました。ドレスデンでは、二万四千名から四万名の人々が殺されたと歴史家は推定しています。

古《いにしえ》の大聖堂の廃墟に立った私は、勇気と強い信念に満ちたディック・ハワードの話に感動しました。彼は爆撃当時、聖ミカエル大聖堂の首席司祭でした。恨みや復讐や憎悪や恐怖に浸るかわりに、ハワード司祭は大聖堂の司祭たちを許しと和解へと導きました。爆撃のあと、大聖堂の石工が二つの黒焦げになった梁《はり》が十字架の形に落ちているのを見つけ、廃墟の中にその十字架を立てました。その十字架はのちに、下部に「父よ許したまえ」という言葉が刻まれた祭壇の上に置かれました。

一人の勇敢な聖職者の決意により、「釘の十字架」と「国際和解センター」(International Centre for Reconciliation) が、灰の中から結成されました。これらの組織は、世界のあちこちにネットワークやセンターを持ち、紛争地域に精神的な解決方法と現実的な解決方法を提供しています。彼らはあらゆる国家や宗教、北アイルランドや、イスラエル、パレスティナ、ボスニア、セルビア、アフリカやイラクの人々とともに働いています。「釘の十字架」という名は、コヴェントリー爆撃後に見つかった、がれきから作られた別の十字架にちなんでいます。この十字架は、中世、大聖堂が建てられたときに使われた三本の釘を用いて、地元の司祭だったアーサー・ウェルズが作ったものです。学んでいて驚いたことは、一時は憎い敵同士だったドイツと英国の若者が、戦後、ドレスデンに新しい病院を建て、コヴェントリーの廃墟のそばに新しい大聖堂を建築するために一緒に働いたことです。「釘の十字架」は、平和と和解を促す国際団体の象徴となりました。

私は長年教会の委員として、また委員会の一員としてCNNに参加している積極的なメンバーなので、許しと和解についてよくわかっていると思っていました。でも私が許しについて一番大切な人生訓を学べたのは、私自身の仕事上の成長を通じてでした。

許しの力についての新しい講座

私は正看護師として仕事をスタートさせました。少し働いて、二つの感想を抱きました。

- 最初の感想は、アメリカは世界で最高の救急と「人命救助」技術を備えているということ。つまり、心臓発作を起こしたり、事故にあったり、肺炎になったり、虫垂切除の事態になったり、あるいは死が迫る急性の病気になったりしても、アメリカはとてもよいところだということです。
- 二番目の感想は、欧米の薬剤は慢性の病気を予防するのにあまり効果がないということ。病原菌が慢性の病気で果たす役割はこれまでもっぱら無視されてきました。おまけに人をみじめにし、苦しめる原因となる慢性の病気の多くが、生活習慣を変えることで防げるという事実に、欧米の医学はほとんど注意を払っていません。たとえば、禁煙と肥満の予防は、慢性疾患を予防するうえで絶大な力を発揮する二大目標です。また気がついたのは、こういう生活習慣病には、感情や社会的ストレスとうまくつきあう能力が影響するということです。

アメリカ人は世界でもっとも繁栄した国民である一方で、いわゆる「不満症」の人口もかなり多いのです。「不満症」の人々は、基本的には健康なのに常に不幸で、ストレスや欲求不満を感じています。こういう人々は自分の夢や目標が実現しているとは感じていませんし、自分の人生が本来の目的にかなっていると思っていません。また自分の人生が才能に見合っていないと思い込んでいます。こんなストレスがあっては、身体の健康によくありません。

発病したあとで悪いところを治療することを主な目的としているような病院で二、三年働いたあと、私は仕事を変えることにし、公衆衛生の修士号を取りました。健康を促進し、維持する方法を人々に教えれば、もっとたくさんの人々によい影響を与えられるのではないかと思ったのです。特に「不満症」の人々に働きかける――彼らが人生の目的を見つけ、夢や目標を実現するのを助ける――ことに関心がありました。

決心のままに、保健師として、私はそれまでよりもっと多くの人々に会い、暮らしや健康を改善するのを手伝っていました。すでにかかってしまった病気の治療に着目する消極的な方法ではなく、個人の強さや能力や才能に着目した積極的な予防法を利用することによって、多くの人々が自身の健康目標を決め、そこに到達するのを手助けすることができるようになりました。

健康と看護の教育に携わる一員として、私はほとんどすべての健康促進についてあらゆる世代の人々に教えました。心臓の健康、体力、栄養学、女性の健康、思春期の健康、性病、情緒的健康、ストレスの管理、健全な人間関係――ありとあらゆることです。政府の機関や組織などが、健康促進についての補助金申請や計画進行や実施、また評価で私の助けを求めてきました。私の書いたものや講座は多くの人々に見てもらい、満足した受講者から、よい感想をたくさんもらいました。でも私は満足していませんでした。私の願う講座とは、その講座の受講者が、彼らの生活を速やかに、また永久に変えてしまうような有益な手段を手に入れられるものでした。何年も試行錯誤したあと、とうとう二〇〇一年にそういう講座にぶつかりました。教え始めたときには、その講習が受講者の人生に大きな影響を与えるとは思ってもいなかったので、自分でも驚きました。

二〇〇一年九月、私は精神的なものに興味を持つグループに目標設定についての講座を教え始めました。私は講座を「強力な引き寄せの力を身につけよう」と名づけ、「引き寄せの法則」をもとにしました。その講座で教えたのは、私たちは感情や思念や祈り、行動や無為、また魂レベルでの決断によって、人生にさまざまな事態を引き寄せているのだということです。言い換えれば、自分という人間を創造するうえで自分自身の役割はとても大きいのです。

この普遍の法則は、努力もせず簡単に願いをかなえているように見える人がいる一方で、もがき苦しんでも真に願うことが全然かなわないように見える人もいることをとてもうまく説明していると思っていました。私は、前向きな心構えについて数年間学んでいたのですが、前向きの考え方や前向きになるテクニックが、ある人には効果があり、別の人には効果がないのが不思議でしかたありませんでした。二〇〇一年のこの講座で、私は願いや夢を早々と実現させる秘密をとうとう発見したのです。私はある人たちがどうやって簡単に夢を実現するかを突き止めました。この発見を利用して、意識と潜在意識を同調させる特別なやり方で目標を書くテクニックを開発しました。私は目標として定めた前向きな宣言を、特殊な書き方をすることで、願いや夢をかなえる方法として用いることを人々に教えました。

受講者にはまた、自分の独り言をよく調べ、子ども時代から独り言がどんなふうに変わってきたかを知るよう教えました。願いに関する否定的な独り言も発表するように求めました。こういった否定的な思いや感情は目的の実現を妨げることがあるからです。私は受講者に障害や障壁を取り除くテクニックを教えました。受講者が私の教えた通りにすると、何人かが、数年間も取り組んできた願いを実現できました。何人かは、二週間のうちに実現することができたのです。私は心底驚きました。

長年にわたって一般的な自己啓発法を学んできて発見したことは、前向きな心の持ちようについて書かれた本には、私の講座や初めて書いた本『The Law of Attraction: Develop Irresistible Attraction（引き寄せの法則：強力な引き寄せの力を身につけよう）』でもたびたび述べている原理や法則がたくさん書かれていますが、そこには人々が慣れ親しみ、使い慣れているシンプルで具体的な方法（目標設定のための一般向けの枠組み）が書かれていません。

私はまた、目標設定についてこれまでに書かれたほとんどすべての本には読者に自分の目標を決めてくださいと書かれていますが、決めた目標について読者がどう「感じて」いるかについては全然尋ねていないということに気づきました。自分が設定した目標について人が内部に抱える思いや感情、あるいは願いを達成するために選んだ手段は（もしそれらが、あまり気が進まないものであれば）、目標実現を阻む「エネルギー的障害物」あるいは「心理的障害物」になりかねないのです。人は自分の望んだ目標について、自分がどう感じ、どう思っているかをいつもわかっているとはかぎりません。まもなく私は、これらの隠された感情や思いを自覚するようすすめる近道とは、独り言をよく調べ、それらが子どもの頃からどう変わってきたかを把握することだと気づいたのです。

私はこういった発見をまとめ、『The Law of Attraction: Develop Irresistible Attraction（引き寄せの法則：強力な引き寄せの力を身につけよう）』に述べたシンプルな五段階の方法を生み出しました。この方法を使えば、自分の望んだ目標をはっきりさせやすくなります。さらにこの方法は、自分の目標についての消極的な思いや感情を、独り言を理解することによって「明確化」し、また積極的に肯定していくことで「除去」する助けとなります。私は、許しの欠如は大きな障害や妨害の一つになってしまうと教えました。望んだ目標のまわりにあるエネルギー的または心理的障害物が取り除かれたら、意識と潜在意識は同調して、目標はすぐに実現するのです。私の最初の講座は、一週間に一回、二時間のセッションを全部で四週間続けるというものでした。この講座が始まって二週間後、世界貿易センターが攻撃されました。この事件が世界中を震撼させたため、クラスの八〇パーセントの受講者が第三週には来ませんでした。けれども戻ってきた参加者は、数年間も取り組んできた目標に、すでにたった二週間で、あるいは四時間の講習でたどり着いていました。受講者の皆さんは、あまりにも早く目標が実現したことにとても興奮していて、それをほかの人に話したり、ほかの夢を実現させる方法を見つけたりするのが待ちきれない様子でした。

戻ってきた一人の女性は、デート相手を見つけようと一年半がんばっていましたが、うまくいきませんでした。自分は三〇キロほど太りすぎなのだとも言っていました。また彼女は過去に男性とつきあって、何度かみじめな目にあっていると話しました。さらに彼女は男性のことを――彼女の表現を借りると

――バカだと思っていました。今デート相手が見つからないのは、ひどい子ども時代や自分の太りすぎのせいだと思っていました。けれども彼女は私が教えたテクニックを進んで試してみました。というのも彼女は三〇代で、「体内時計」が老化現象を知らせていると感じていたからです。すぐにでも結婚して子どもを作りたいと思っていました。彼女はたった二週間（たった四時間）講習に通っただけで、前の週に四人の男性から電話がかかってきて、デートを申し込まれたと報告してきました。一週間に四回のデート！　びっくりしました！　私の独身時代、一週間に四人もの男性にデートを申し込まれたことなどありませんでした。彼女はその後も、何人もの相手とデートしました。彼女が結婚問題に真剣に取り組み、自分の過去を許すには一年間かかりました。けれどもそれができたとき、彼女はすてきな男性と結婚し、今では二人のかわいい子どもに恵まれているのです。

二〇〇二年の一月、ジャネルが私の講座に参加しました。彼女は他人のための目標を実現するために「引き寄せの法則」の最初の講座に参加していました。彼女はチャーター・スクール（税補助を受けるが従来の公的教育規制を受けない学校）のために、新しい校舎を建てたいと願っていました。彼女はそのチャーター・スクールのボランティア委員会の一員だったのです。今の校舎はボロボロでした。ジャネルは新しい校舎を建築するのに直面するいろいろな問題をリストアップしました。資金不足、ジャネルの委員会が計画に賛成していないということ、好景気ではないので資金提供機関は概して建築事業に資金を出さないという現実。そのとき私は「引き寄せの法則」を教え始めたばかりでしたので、密かにジャネルの言う通りだと思いました。私は何年も非営利団体のために働いていたので、新しい建物のために資金を集めることがどれほど難しいか知っていました。この大事業にはふつう、大がかりな資金調達活動が必要で、十分な資金を集めるのに五年はかかります。私の体験したことや思い込みについて何も言わなくて本当によかった！

ジャネルは、私が教えたテクニックを真剣に使ってみると言ってくれました。四週間にわたる八時間の講習を一月に修了しました。そして、ほんの八カ月後、八月に連絡してきました。ジャネルが言うには「上から下まで新しい校舎が持てました。新しい学期が始まります。今日は始業式なんです」驚いたことに、この女性は上から下までレンガとモルタルでできた本物の建物をたったの八カ月で建てることができたのです！　私は数年間非営利団体で働いていたので、資金調達を予算化するだけでもどれだけ大変なことかを知っていました。それなのに新築のビルを建てるなんて！　私は「すごい！」と言うことしかできませんでした。

この時点で、私は何か大事なこと、何か「とても大事なこと」に直面しているのだと自覚しました！自分が何を体験しているのかまったくわかりませんでしたが、大切なことで、強力で、すばらしいものだということはわかりましたので、世の中に広めたいと思いました。何度も講義を繰り返して、受講者たちが、私の教えたテクニックを用いて早々と目標を達成することができ、人によってはたったの二週間でやり遂げた人もいることに気づきました。

先ほど述べたように、私は、人（特に離婚を経験した受講者）によっては怒りや許せないという感情が邪魔をして目標が達成できていないことに気づきました。許すという行為が、目標設定の講習においてさえ重要な役割を担っているのではないかとはっと思い当たりました。

この点に対処するため、私は受講者が本物の許しを言葉にできるよう指針や宣言を考え出しました。この宣言を用いると、怒りのために目標達成が邪魔されていた受講者が急に目標を達成できたのです。怒りを抱えた人も、そうではないほかの人と同じくらいの進展を見せました。実際、以前の「なかなか許せない人」の多くが体験した成果は、奇跡というほかありません。許すという行為には、彼らの人生のあらゆる方面にはっきりと影響を与えていたのです。

許しに取り組み続けたある受講者たちは、数年も連絡が途絶えていた人々や場所からお金を受け取りました。商売では、顧客が増え、利益を得、全体的に繁盛しました。人間関係も時には劇的に改善し、また時には壊れてしまった関係が復活しました。受講者が言うには、自分の家で一人だけで許しを行なった相手が不意に電話をくれたり、電子メールを送ってくれたりしたというのです。

まもなく私は、「許しの法則」は、私が教える中で一番強力なテクニックだということに気づきました。「許しの法則」は「引き寄せの法則」に役立ちます。「許しの法則」は「引き寄せの法則」ではありません。実際、いろいろな面で、「許しの法則」は「引き寄せの法則」よりもずっと強力な法則であることを発見しました。「許しの法則」は、これまで私が見てきた何よりも、人々が自分の目標をずっと早く、さらに大きく達成するのを助けるのです。

許しが確実によい結果をもたらすことに気がついた人々が増えれば増えるほど、報告が絶えず来るようになりました。私は、どうやって許すかを学びたい世界中の人々からの手紙を受け取るようになりました。

ある人たちは、過去数年間に本やテープやCD、DVDを購入したり、人生や経営のコーチを雇ったり、積極的な心構えや、やる気を起こす、目標設定、起業といった講座に参加したりするために数百万円使ってきたと語りました。しかし、投資に見合う成果を見せることはできませんでした。なぜなら私に会うまでは、目標を達成するためのはっきりとした計画を教えられたことはなかったからです。私の本を読み、たった一度講座に出席しただけのジェレミーはこんな手紙をくれました。

僕が人生において、みるみるうちに今まで以上に多くのことを学び、伸ばし、実現し、作り出すのを手伝ってくれてどうもありがとう。僕は数年間、自己啓発や仕事で成功するという講座に参加してきました。たくさんの本を読み、講座に出席して、文字通り、数百万円を費やしてきたのです。しかし、先生の驚くべき本と、一度のすばらしい講座のおかげで、二週間のうちに三つの目標のうち二つを実現できました。この三つはしばらく取り組んできた目標でした。大きな違いをもたらしたのは、絶対にあなたが教えてくださった許しのテクニックだと信じています。僕は、恋愛の成就と、家庭における人間関係を改善するという目標を達成しました。今、収入を増やすという三番目の願いもかないそうなので、有頂天です。僕は、先生の本を世界中にいる大勢の友達や家族や仲間に紹介してきました。おかげで彼らもまた目標を実現させつつあります。僕は将来先生の仕事を手伝いたいと思っています。なぜなら、この宇宙には限りがありませんし、先生の教えで助かるはずの人はたくさんいるのですから。

永久に謝意を
ジェレミー

二〇〇五年までには、自分の願いがかなったという報告のメールが世界中から送られてくるようになりました。「許しの法則」は自分が今まで目標を達成するために用いてきたほかのどんなものよりも強力に働くと、彼らは口々に語っていました。私の読者や受講者は、愛情を込め、私を「許しの先生」と呼び始めました。彼らに背中を押され、私はこの本を書いたのです。

二章
「許し」の実践

この章では、この強力な法則を実践するために、あなたが自宅でこっそりとできる許しのための指針とシンプルな宣言について学びます。このプロセスを「許しの宣言テクニック」と言います。さらにこの章には、読者や講座の参加者から寄せられたたくさんの話のうち、二、三を載せています。「許しの法則」を用いたときに彼らが体験した大きなエネルギー変化と成果についての話です。彼らの中に、自分が許した相手に接触した人は一人もいないということを心に留めておいてください。彼らは許しの宣言を自宅でこっそりで行なったと言っています。

許しのための指針

■許しの基本

私は誰を許すべきか？

思い出せる人は誰でも許さなくてはなりません。**生きている人、すでに亡くなった人、**砂場で遊んだ時代から今日まで。それからあなたが忘れてしまっているかもしれない誰かのために許しの宣言をするのです。また、団体や政党や政府などを許してもよいのです。でも人々がこれらの団体を運営していることを思い出してください。組織や団体のすべての層をはいでいくと、問題になるのはやはり人間関係なのです。つまり、組織や団体も、あなたが許すべき人やグループなのです。

どうすれば許す必要があるとわかるか？

もし誰かに怒りを感じたり、傷つけられたと感じたり、あるいは憤りを抱いたりするなら（あるいは、そう感じていると思うなら）あなたはその誰かを許すべきです。これを読んで最初に念頭に浮かぶ人から始める必要があります。さらに頭に浮かぶ順に進めていきます。あなたがもっとも怒りや憤りを感じ、絶対に許せないと思う人は、すぐさま頭に浮かぶに違いありません。

誰かに許してもらいたいならどうする？

もしあなたが誰かの感情を傷つけ、許してもらいたいと思っているのなら、この章の終わりに載せた許しの宣言を使うことができます。この宣言は、あなたが誰かを許すために必要なものとまったく同じで、「私」あるいは「私を」という言葉を「あなた」や相手の名前に置き換えればいいのです。この宣言を使っても同じようにエネルギーを解放することができます。また、すでに亡くなってしまった相手でも、許したり許されたりすることができます。キャサリンは許してもらいたいと思っていた教父に宣言をすることにしました。何年か前に彼と口げんかをしたキャサリンは、教父がすでに亡くなってしまったのにもかかわらず、感情の古傷から解放されたいと思っていました。キャサリンは許しの宣言を行なうと、安らかな気持になり、過去は癒やされたと感じたと語りました。

■許しは自分のためにするもの

まず、多くの人が許しについていろいろ見当違いな認識を抱いています。許しは、ひどい目にあったけれど大目に見ることだと皆思っています。自分を傷つけ、巻き込んだ人間と接触しなければいけないと思っています。許しは他人のためにすることで、無私無欲なことなのだと信じています。こう言うととても気高く聞こえますが、まったく違うのです。

初めに、許しは、悪い行為をなかったことにすることではありません。許しはあなたに対するふるまいを認めたり、受け入れたりすることではありません。許しを赦免と混同してはいけません。不道徳、非倫理的、不法、あるいはその三つを兼ね備えた行為を行なった人物は責任を負うべきです。あなたが許すと、あなたはそんな人物やその行為からエネルギーレベルで解放されていくのです。許しは、実際にあなたの手に力を呼び戻すのです。許しはまた、彼らがあなたをふたたび不当に扱うことを認めることではありません。この本のあとのほうで、正義に基づいた許しにはどんな効き目があるか、論じています。許しのテクニックに取り組んでいたあいだに私が発見したことで一番驚いたことの一つは、許しのテクニックは正義が起こすと考えられていることすべてを可能にするということなのです。

第二に、あなたは許そうとする人と接触する必要はまったくないのです。許さなくてはならない人がほかの州やほかの国にいたり、あるいはすでに亡くなっていたりして、あなたのまわりにいないこともあります。あなたが許す相手は、あなたが彼らを許したことを知る必要はありません。大事なことは、あなたが怒りや憤りを捨て、あなた自身が怒りや憤りから解放されることなのです。私の講座の受講者や読者のほとんどは、自分が許そうと思っている人と接触する必要がないと知って、とても安心します。実際、彼らの顔に安堵の表情が浮かぶのがわかります。許す人のリストを作ったら、自分の家で一人きりで許しのテクニックを用いることができるのです。

最後に許しは、本当は「自分本位の」行為なのです。だからといってそれがよくない行為というわけではありません。よくないだなんてとんでもない。許しは自分だけでなく他人にとってもよい、もっとも愛すべき、間違いのないものの一つなのです。「よい利己主義」と言えば、矛盾していると思われるかもしれませんね。私たちは年長者から、利己主義はよくない、害をもたらすことだと教えられてきました。許しという行為は人生をよくする、あるいは善や幸福をもたらすという意味において利己的なのだという考えを人々が頭にしみ込ませるにはしばらくかかります。

あなたが古傷や憤りを捨てたら、新しくて活き活きとした前向きのエネルギーを目的や夢を達成するために使えるようになります。あなたがもっと穏やかな気持ちになれば、あなたの振動レベルが変わり、あなたのまわりにいる人もそれを感じ、よい影響を受けるのです。あなたの身近な人はまた、あなたのまわりでもっとくつろいだり、気安い雰囲気で過ごせたりするかもしれません。私が学んだことのうちでもっとも驚くべきことは、あなたが許せば、あなたとあなたが許せない人をつなぐ負のエネルギー的結びつきを壊すことができるということです。そうすることであなたも相手もよい影響を受けるのです。

私の講座に来るたくさんの人が許しという考え全体をとんでもないと言うことに驚かされます。多くの人々が何年も何年も古い傷を温めています。古傷はまるで相棒です。けれども私は、許しはエネルギーを解放するので、夢が実現できるのですと説明します。許しは、ほかの人の問題ではなく、あなたの問題であり、あなたが望むものすべてを手に入れるということなのです。

トリシャは講座の受講者でした。彼女は最初の結婚に失敗していて、それを自分のせいだと思っていました。おまけに彼女はつきあっていた男性が不貞を働いている現場を目撃し、その男性との関係を断ったばかりでした。トリシャはこの男性と結婚するつもりでしたし、何よりもその男性にお金を貸していました。言うまでもありませんが、トリシャは許すべき相手が複数いました。自分が許せば将来の目標が実現できると悟ったトリシャは先に進みました。彼女の目標は自分だけを見てくれる夫と新しい仕事、そして新しい家を手に入れることでした。驚いたことに、トリシャは自分が探していた、条件がそろった男性に、まさにこの講座でめぐり会ったのです。たった五名の受講者しかいない少人数のクラスだったことを思うと、この離れ業はさらに驚きです。トリシャはすぐに新しい仕事を見つけ、今では新築の新居に引っ越しました。

■許しは、負の結びつきを破壊する

「不可許」（unforgiveness）という言葉は実際には存在しませんが、おそらくあったほうがよい言葉でしょう。私たちのおそらく全員が、許しを思いとどまったり、あるいは心の傷や怒りや憤りを育んだりすることによって、「不可許」を幾度となく経験してきています。「不可許」はある意味で、エネルギーをせき止めるダムの働きをするのです。あなたとあなたの「不可許」の対象とを結ぶ負のエネルギーは、鋼のようなかせを作り上げ、あなたを彼らに縛りつけるのです。この負のエネルギーによる結びつきは、どんよりとして動かず、あなたが最高の自分になること——自分の最高の善を成し遂げること——を邪魔するのです。そう、許しがないと、あなたはこの世で絶対結びつきたくない人に「ぴったりとくっつけられる」のです。シンプルな宣言を真面目に繰り返すだけで、束縛から解放されるということを信じるのは難しいかもしれません。けれども本当に自由に「なれる」のです！　私のたくさんの読者や受講者が繰り返し証明してくれています。

ジェニーはここ数年間、異性との充実したつきあいができませんでした。また先の見えない仕事に就いていると思っていました。元ボーイフレンドにひどく傷つけられてから、いろいろな面倒が始まったのです。その彼は、一一年間音信不通でした。ジェニーは許しの宣言を口にしました。まさにその次の日、元ボーイフレンドはジェニーが家の近くで車を走らせているところを目にしたのです。彼はジェニーの家までついてきて、車を降りるとこう言いました。「ここ何年も、ずっと謝りたいと思っていた。つきあっていたときに、君をあんなにひどい目にあわせてしまって。君の車が通りすぎるのを見て、どういうわけか車を止めて謝らなくちゃ、と強く感じたんだ。見返りは何も期待していない。僕の気持ちをわかってもらいたかっただけなんだ」

ジェニーは効果のすばやさに仰天しましたが、今や状況は好転し、彼女は新しい愛を積極的に探しています。

■許せば、エネルギーはただちに解放されて、あなたに好運をもたらす

あなたが「許しの法則」を実践すれば、あなたを別の誰かにどんよりとよくない感じで結びつけていたエネルギーがすぐさま解放されます。そのエネルギーが今度はあなたの人生のためになるやり方で流れ込み、あなたが望むものをもたらし、最善のものをもたらすのです。この重要な行為――許し――を実践すると、常によい結果が生まれます。その結果は奇跡としか思えないほどのこともあります。

受講者の中には、この本で教えているような特別な方法を使って許しに取り組んだあと、数年間音信不通だった人や場所からお金を受け取ったり、貴重品をもらったりする人がいました。商売では、どんどん顧客をつかみ、より大きな利益をあげ、全般的に成功を収めました。人間関係は改善され、あるときは劇的に好転し、またあるときは決定的に決裂していた関係が修復されました。受講者たちはこう言います。自分たちがこっそりと許した人々が電話をかけてきたり、メールを送ってきたり、いきなり小切手を送ってきたりしたのだと。この重要なテクニックを用いることの利点に気づく人々の数が増えれば増えるほど、成功の報告がどんどん届くようになりました。

ケリーは二〇〇二年の一月、私の講座に出席し、私が許しのテクニックを講座に加えたあとも、続けて

講座に参加していました。このテクニックを用いることでもたらされる速やかで驚くような成果を報告してきた受講者はケリーが初めてでした。一月の講座以来、ケリーの取り組んだ仕事上の目標はいくつも実現しました。許しの宣言を行なったあと、一〇年かかっていた訴訟がとうとう落着して郵便で二万五千ドルの小切手を受け取ったので、ケリーはとても驚きました。

ケリーの成功を知ったジムは、以前の仕事の借金を取り立てるためにこのテクニックを試そうと決めました。ジムは五〇〇ドルを二年間も借りたままの依頼人に腹を立てていました。ジムは最初、特別な言い方で宣言するだけでこの借金を本当に解決できるのだろうかと疑っていました。しかしほかのやり方ではすべて失敗したので、この方法を試してみる価値はあると思ったのです。一週間後、この依頼人が郵便為替で耳をそろえて借金を支払ったとき、ジムがどんなに仰天して喜んだか想像できるでしょう。

■負の結びつきを破壊すると、相手にもよい影響がある

許された人は自分の身にいったい何が起きたのかわかっていないかもしれませんが、彼らは負の結びつきが断ち切られ、エネルギーが解放された効果を体験するでしょう。彼らへの影響はたいていよいものです。彼らの気持ちも穏やかになり、その様子を表現すると、信じられないくらい、だそうです。彼らはだしぬけにあなたに電話あるいはメールを送ったり、謝ったりしなければという気になるらしいのです。この宣言を実践して自分が許した人と話した人々は、彼らがより前向きで気持ちのよい人間になった、親切にさえなった――今まで見たこともないほど――と言います。

ジェーンは、母親メイビスとの関係がこれまでずっとうまくいっていませんでした。何事についてであれ、母親が前向きなことを言うのを、これまで一度も聞いたことがありませんでした。ジェーンは母親にいつもがみがみ叱られてばかりだったので、自尊心の問題で苦しんできました。許しのテクニックを用いるのに加え、ジェーンは、母親との関係を改善するために「引き寄せの法則」の目標宣言を書くことにしました。「引き寄せの法則」の目標宣言法には効果があることをジェーンは知っていました。というのも、彼女はたびたび講座に出席していて、自分の仕事を始めるときにこの方法がもたらしたすばらしい成功を体験していたからです。彼女はさばききれないほどたくさんの無料の支援や新しい顧客を得ることができました。収入は急速に増えていき、どこまで増えるかわからないほどになりました。

仕事で成功し始めたにもかかわらず、あまりにも長いあいだ深く傷ついてきたので、ジェーンは母親との関係に許しのテクニックを試すのをためらっていました。しかしジェーンは勇気を奮い起こして許しの宣言を行ない、母親を翌週訪問することにしました。訪問したあと、ジェーンは私に、とても現実とは思えなかったと語りました。メイビスは前向きで陽気でした。そんな母親を見るのはジェーンにとって初めてでした。ジェーンは「気分をよくするために薬を飲むことにしたの?」とまで尋ねました。メイビスは「薬なんて飲んでいないわ。なぜこんな前向きになったのかさっぱりわからないの。ただそう感じるだけ」と答えたそうです。二人の仲はどんどん改善されました。のちにジェーンはこう話してくれました。母親が亡くなるとき、彼女は自分のそばにいる家族に対し、平穏で愛情にあふれた温かい変化を見せたと。

■許す相手に連絡を取る

許しが効力を発揮するようにと、許す相手に連絡を取る必要はありません。一部の人たちにとっては、連絡を取るのは適切でない場合もあるかもしれません。あなたは自分の家を離れることなく、あなたが選ぶすべての相手を自由に許してよいのです。受講者や読者たちの多くは、許す相手と連絡を取る必要はないと知ってほっとします。

なかには相手と連絡を取りたがる人もいます。連絡を取ってもかまいません。けれども繰り返しますが、許しの効力を発揮させるために、わざわざ相手に連絡を取る必要はないのです。当然ですが、許しを宣言された相手は、会ってもいないのに自分が許されたと聞けばすごく驚きます。

エイプリルは二〇〇四年の「引き寄せの法則」の講座に初めて出席したとき、何もかもうまくいっていませんでした。自分の人生は破綻しているように思われ、努力すればするほど、どうやって立て直せばいいのか途方にくれる始末でした。エイプリルは子どもの頃、父親から性的虐待を受けていました。彼女はそのときからずっと傷を抱えて生きてきたのです。さらに彼女を悲しませたことに、結婚にも失敗し、その後も悪縁が続いたため、エイプリルは男性に対して強い不信感を抱いてしまいました。彼女はまた、お金や仕事の問題も抱えていました。

エイプリルは父親に対して深い憤りを抱いていたので、ここ三年間、会いもしなければ口をきいてもいませんでした。許しのテクニックを実行した翌週のこと、父親が電話してきて会いたいと言ったのです。エイプリルを訪ねてきた父親は、ほとんどの小児性愛者が絶対に告白しないようなことを口にしました。

「私のしたことは間違っていた。そのせいでおまえが傷ついたのはわかっている。本当にすまない。どうか許してくれ」と。エイプリルは愕然として何も言えませんでした。彼女は、父親とのこの会話で自分の人生は一変したと語りました。生まれて初めてすっかり癒やされ、幸福な人生を送れるような気がしたのです。このときから、エイプリルは美容とスパの事業を始め、成功しています。彼女は驚くべき変化を遂げたのです。彼女は今、問題を抱えた若者たちに許しという癒やし方を教えるという事業の計画に取り組んでいます。さらに「引き寄せの法則」の関係宣言を行なった彼女は一生のパートナーに出会って結婚し、夢のマイホームを建てました。彼女と新しいだんなさまは、子作りを計画しています。

■許すために仲直りする必要はない

『許しは認めることではない。新しい視点で見てみようということだ。つまり、理解し、受け流すということだ。相手は自分の弱さからそんな行為を行なったのだ。あなたのせいではない。彼らは自分の知らないことをあなたに教えることはできなかった。自分の持っていないものはあなたに与えることができなかったのだ』

——ルイス・ハート博士、『The Winning Family（勝利をおさめた家族：仮題）』

この点は大切なので、ふたたび述べます。許しは自分のために行なうことなのです。相手があなたを傷つけたことが正しかったという意味ではありません。もし彼らが正しかったら、そもそもあなたを傷つけたりしなかったはずです。あなたは彼らと仲直りしても、しなくてもよいのです。許しは、あなたが関係を修復するかどうかにかかわらず、効力を発揮するでしょう。

また誰かを許すということは、その人たちに「私をまた傷つけてください」と伝えることではありません。彼らのふるまいを、この許しという行為によって大目に見るわけではないのです。許しは忘却を意味してはいません。あなたはあなたの身に起きたことを忘れる必要はありません。あなたの人生を縛りつけているその呪縛から逃れるだけでいいのです。許しのテクニックを用いるうえでの技については六章で説明します。そのときには、目標を設定し、健全な関係とはどういうものかをあげてください。人々がこぞってあげる人間関係における目標の一つは、「今私は自分の人生に、健全な人間関係を引き寄せる」というものです。健全な関係とはどんなものかというリストを作るときに、「私が許そうとしている人は次のような基準を満たしています」と言うのもよいでしょう。私に敬意をもって接してほしい、私の意見を認めてほしい、思いやりを見せ、親切にしてほしい、などなど。先ほど書いたように、詳しいテクニックについては六章で扱いましょう。

■許しの宣言を必要なだけ、幾度も繰り返そう

ほとんどの人が許しの宣言は一度で十分かどうかを知りたがります。もし許す相手と二度と会わないのなら一度で十分かもしれません。しかしたびたび接触する機会があるのなら、彼らはふたたびあなたをいらだたせたり、多少なりともあなたの感情を傷つけたりするでしょう。ですから「許しの法則」は必要な

だけ何度も、遠慮なく実行してください。毎日だっていいのです。たとえあなたが腹を立て、憤り、怒りを感じているときでも、どうぞ許しの宣言を続けてください。覚えておいてください。あなたはそれでもエネルギーを活性化させて、結果を出そうとしているのです。

ローダはやり手で、ばりばり仕事ができると言われるような人です。行動力があり、数年間にわたっていろいろな仕事を成功へと導いてきました。彼女が夫について語るとき、口調には明らかに怒りが含まれていました。顔を紅潮させ、歯を食い縛り、あごをぐっと引き結ぶのです。ローダが言うには、夫はこれまでに何度か金銭上の失敗をしでかし、新しい家の購入や新しい事業でローダを支えるべきときに夫としての責任を果たさなかったそうです。その結果、事業の収益が減ったと彼女は感じていました。ローダが許しの宣言を述べて夫への怒りを解放したあと、ローダの事業の売上高は一カ月で三〇パーセント増加しました。

物事はうまく進んでいるように見えましたが、それも夫が商取引に失敗して相当な額のお金を失ってしまうまでのことでした。ローダはふたたび怒りを募らせました。驚いたことに、夫に対する憤りが強くなればなるほどローダの事業は落ち込みました。ローダはこの落ち込みを偶然と書くつもりでしたが、「許しの法則」をふたたび試してみようと決めました。彼女がふたたび夫を許したとたん、ローダの事業は業績を上げ始めたのです。

多くの人が仕事と私的関わりとは別物だと考え、生活上区別しています。講座の受講者が許しのテクニックを人間関係に用いたあとすぐに仕事が成功する様子には目を見張るものがあります。

■許しは解放

心を込めて「許しの法則」を実践するとき、あなたはとても強力なエネルギーを放っているのです。重荷を肩から下ろしていると感じるのです。すぐに肩の荷がどんどん軽くなり、今までよりも自由だと感じます。許しがもたらす肩の荷の軽さを、活力を、自由を楽しんでください。

キャサリンは陰気な子ども時代を過ごしました。マンハッタンで育ち、元をたどれば英国の血筋で、莫大な富を何代にもわたって保有してきた一族の一員でした。キャサリンの一族の紋章には『戦争による平和（PEACE THROUGH WAR）』と書かれています。こんな紋章を持つ一族が穏やかな生き方を求めるはずはありません。キャサリンはもっぱら乳母に育てられ、アルコール中毒の両親はけんかが毎度のことで、子どもたちを無視し、気晴らしや趣味のために裕福なほかの親戚たちを訴えていました。

私がキャサリンと出会った頃、キャサリンの両親やほかの家族はほとんどすでに亡くなっていました。子ども時代に相当強い負の影響を被ったせいで、キャサリンは両親や家族への許しの宣言を実践するのにまるまる一年もかかりました。彼女の事業はまったく不振で、深刻な借金も背負っていました。彼女は立つときも歩くときも前かがみで、足元を見つめていました。

しかしキャサリンが許せたとき、たちまち大きな変化が起こりました。事業は持ち直し、彼女は一トンもあるかのような重圧が肩から下ろされたように感じました。姿勢はしゃんとし、もはや足元を見て歩かなくなりました。事業は劇的に改善し、文字通り、にわかに景気づき始めました。今まで思ったこともないほどの成功を収めたのです。さらにたぶんもっと大事なことは、人生の目的が明らかになったことです（キャサリンの許しについてのさらに詳しい話は、序文をご覧ください）。

大勢の受講者や読者が許しのテクニックの簡単さと楽さに驚きました。また、効き目のすごさにも。憤慨しながら何年間も問題と取り組んできた人々は、何らかの成果を得るためには「一生懸命、根気強く」許しを実践しなければならないと確信するようになりました。多数の人は挫折し、幻滅を感じます。なぜなら数年間あらゆることを試行錯誤してもなお、「行きづまり」、当然受けるべきだと思っているものを受け取ることができず、あるいは目的を達成できていないからです。

ジェイミーも幻滅した一人でした。数年間試みてきましたが、養育費をもらえたことがありませんでした。ジェイミーは自分自身の「引き寄せの法則」の目標を定めていましたが、それは千ドルをもらうことでした。ジェイミーは講座に二週間出席したところで許しの宣言を行ないました。まさにその次の週、元の夫から五〇〇ドルの小切手を受け取ったのです。元夫はフリーのミュージシャンで、なんと一三年間一度も養育費を送ってきたことがありませんでした。彼女の「引き寄せの法則」の目的のあと半分は、彼女がずっとほしいと思っていた珍しい品を買ったときに貯金から五〇〇ドルを換金し、実現しました。ジェイミーが用いた許しのテクニックのおかげで、弁護士がこぞってやれなかったことを成就できたのです。

許しがあなた自身の人生にもたらすことのできるすばらしい変化を一度目にしたら、ほかの人たちに教えられます。ステイシーはそのテクニックに取り組んでいましたし、このような驚くべき成果を味わっていましたので、このテクニックを仲間にも教えようと決めました。彼女はメールでこの文章を送ってきました。

コニー様

私は知り合いのために許しの宣言を書きました。知り合いに、これはあなたを傷つけた人のためでなく、あなたのために役立つ、あなたに関するものなのだと教えました。彼女は元夫から慰謝料をわずかしか受け取っておらず、何年もお金で苦労していました。彼女は元夫に手紙を書き、これでは不当だとか、自分がどんなに苦労しているかなどと書きました。彼女があなたの許しのテクニックを実践したあと、元夫がだしぬけに電話してきて彼女のために家を一軒買ってくれたのです。あなたのテクニックになぜこれほどびっくりするのかと言うと、知り合いの離婚は一一年も前の話だからです。彼女が許しの宣言を行なって初めて、元の夫はやっと進んで話し合いに応じるようになったのです。家は知り合いが亡くなったら、孫たちのものになります。彼女の一件には大きなエネルギーが働いているのは間違いありません。あなたの許しのテクニックは本当に効きます!! 人生を変えるこれらの強力な方法を教えて下さってありがとう!!

敬具
ステイシー

自分を許す

『注目すべきは、私たちは自分を愛するのと同じように隣人を愛するということです。自分にするのと同じことを他人のために行ないます。自分自身を憎めば、他人のことも憎むのです。自分自身を許せば他人にも寛容になれます。この世界を悩ませる問題の根底にあるのは、自己愛ではなくて、自己への憎悪なのです』

―エリック・ホッファー

自分を許すことは、少なくとも他人を許すことと同じくらい大事なことです。あなたが自分を許せば、エネルギーがあなたの人生に自由に流れ込み、あなたに最善のものをもたらし、望む目的を実現させるのです。トリシャとエイプリルはこう言いました。うまくいかなかった人間関係を修復するために、自分を許そうとしたことが、癒やしに大切なことだったと。

数年前に自分が犯した過ちに腹を立てたり、罪の意識を感じたりしている人はたくさんいます。彼らは「今日」を楽しむことを「昨日」が邪魔するのを放置し、「昨日」が「明日」を決定するのを許してしまいます。彼らは自分を許すことに比べたら、他人を許すほうが楽だとすら思っているかもしれません。これらの蓄積した怒りが、お金、血縁関係、仕事、健康といった人生のあらゆる分野で問題を引き起こす原因となるかもしれません。自分を許すことができないと、低い自己評価しかできなかったり、自分は価値のない人間だと感じたりしかねません。こういった否定的な感情は、彼らの振動に影響を及ぼし、その振動が次に彼らの人生にどんな人間や状況を引き寄せるかを決定するのです。もし自分を許せないせいで低いレベルで振動していると、不適切な関係やふさわしくない仕事などを引き寄せ続けてしまうかもしれません。たとえ三度引っ越して、さらに四度転職したとしても、以前と変わらず仕事や友達や大事な人や上司で嫌な人を自分が引き寄せていることに気づいたら、何らかの内省をし、自分を許すときです。

「許しの法則」はあなたが自分を「解放し」、自由にするために、必要なときはいつでも用いてよいのです。

「許しの法則」をどのように実践するか

私が**許しの宣言のテクニック**について言及するとき、以下で説明するプロセスについて語っています。あなたが許したいと思う人や、許してもらいたいと思う人すべて、また許したいと思うあなた自身に対してこの宣言を行ないます。許しの宣言は、砂場で遊んだ子ども時代から今日に至るまでのあらゆる人に対して、エネルギーを解放するために用いられるでしょう。解放されたエネルギーは、あなたが目的や夢を達成する助けとして用いることができるようになるでしょう。許しの宣言を用いるからといって、仲直りしたり、つきあい続けたりする必要はありません。四章では厄介な関係によい影響を与える三段階のテクニックを紹介しましょう。この三段階のテクニックには、ほかの二段階のほかに「許しの宣言テクニック」を含んでいます。あなたが仲直りや関係改善や関係の継続を望む相手に用いてください。

■リストを作る

許したいと思う人々のリストを作るのも役に立つでしょう。リストを作るために何日も、または何週もかかってもかまいません。大切なのは、あなたが作業に乗り出したということです。許したいと思うあらゆる人々のリストを作りましょう。現在あなたのまわりにいる人も、過去の人も。また、あなたが誤解して、許してもらいたいと思っている人々もリストにしましょう。許しは何にもさえぎられることなく双方向に作用するのです。

■静かな場所を見つける

最初に、邪魔が入るのがもっとも少なそうな静かなひとときを確保しましょう。邪魔されるような電子機器のスイッチを切りましょう。同居人には邪魔をしないよう伝え、ペットが静かにしていることを確認しましょう。くつろげる場所で楽な姿勢を取って座るか、横になりましょう。

■心のうちにその人をはっきり思い浮かべる

許したい人を心のうちに思い浮かべましょう。その人ができるだけ幸せそうで、癒やしの光に囲まれているところを想像してください。意地悪で卑劣なこの世の姿ではなく、より高い次元の姿として思い浮かべましょう。もし許す人が大勢いれば、何度かにわけて行なってもかまいません。

■許しの宣言を行なう

一度に一人を心に思い浮かべ、それぞれに向かって許しの宣言を行ないましょう。次に、その人たちが心からの微笑みを浮かべながら、あなたの許しを受け入れるところを想像しましょう。あなたが「だから私たちの関係はふたたびうまくいっている」と言うと、これは「今、エネルギーが解放された」ことを意味します。あなたとその人が今仲間になったという意味ではありません。次にその人が舞台を立ち去る、あるいは戸口から出ていくところを見送りましょう。そして次の人を心に思い浮かべます。許しの宣言は口に出してもいいし、無言でも大丈夫です。もしもグループや団体、あるいは国を許すつもりなら、そのグループをしっかり思い浮かべ、許しの宣言を行ないましょう。グループの一員たちが、お互いに許しを宣言し合うところを想像してもかまいません。許しを本物にするために、真心を込めて宣言しなくてはなりません。書かれた通りに宣言することをおすすめします。大勢の「引き寄せの法則」や「許しの法則」の読者や受講者はそうすることで成功することを実証しています。もしあなたが自分の怒りを正当化し続けるために「あなたはわたしがそうあってほしいと思うような人でないけれど、そのことを許します」といった言葉に変更すると、「解放」したり「自由に」したりすることを心から望んでいないことになります。それゆえあなたは完全な許しの利益をまるごと受け取ることはないでしょう。

他人への許しの宣言

あなたを心から許します。私はあなたを解放し、自由にします。私に関する限り、私たちのあいだに起きたできごとは永久に終わったのです。あなたの幸運を祈ります。あなたのために最善を祈ります。光の中にあなたを置きます。私は自由であなたも自由、だから私たちの関係はふたたびうまくいっています。平和があなたとともにありますよう。

他人によるあなたへの許しの宣言

（相手の名前）は私を心から許してくれます。その人は私を解放し、自由にしてくれます。（相手の名前）に関する限り、私たちのあいだに起きたできごとは永久に終わったのです。（相手の名前）は私の幸運を祈ってくれます。（相手の名前）は私のために最善を祈ります。（相手の名前）は光の中に私を置きます。（相手の名前）は自由で私も自由、だから私たちの関係はふたたびうまくいっています。平和が私たちとともにありますよう。

自分に対する許しの宣言

私は自分を心から許します。私はあなたを解放し、自由にします。私に関する限り、できごとは永久に終わったのです。私は自分の幸運を祈ります。自分の最善を祈ります。私は光の中に自分を置きます。私は自由、だから私自身はふたたびうまくいっています。平和が私とともにありますよう。

深呼吸しましょう！　やりました！

日々の許し

許しのリストを作成したら、あなたが必要なときにはいつでもこのテクニックを用いることができます。すべてがきちんと正せたことを確かめるために、あなたは日々許しを実践したいと思うかもしれません。キャサリン・ポンダーは『宇宙の力を使いこなす方法（The Dynamic Laws of Prosperity）』（サンマーク出版、二〇〇九年）の中で、毎日許しを実践するよう勧めています。キャサリンはこう書いています。

『毎日三〇分座り、あなたと不協和音が生じていたり、うらみに思ったり、または気をもむ人全員を心の中で許しましょう。もしもあなたが不当を責めたり、誰かのことを悪く言ったり、誰かを非難し、陰口をたたいたり、誰かを法的に巻き添えにしたりしたら、心の中でその人の許しを請いましょう。彼らは潜在意識レベルで反応するでしょう。同様に、もしもあなたが自分の失敗や間違いを責めたら、自分を自分で許しましょう。許しはあなたの成功や繁栄を邪魔するものを取り除く掃除機となります。

もしあなたが連続して三〇分取れない場合は、目覚めたときか眠りにつく前に五分費やしてください。いったん許しの宣言を覚えてしまえば、時間のあるときはいつでも繰り返してよいのです。お風呂に入ったり、ドライブしたり、食事を取ったり、あるいは毎日のほかの日課に携わったりしているときに』

奇跡を期待しましょう

人々は許しの宣言を実践してから早ければ五分で成果を知らせてきます。二、三時間や二、三日、あるいは一週間ほどかかってしまうこともありますが。人によってはもっと長くかかりますが、それでもかまいません。奇跡と思える成果もいくつかあります。私は、奇跡というのは科学が追いついていない当たり前のことだと信じています。科学によって解明されるときが来たら、奇跡は不思議でも何でもなくなるでしょう。奇跡が起きるのは、普遍の法則は私たちが奇跡の起き方を科学的に理解しているかどうかにはおかまいなしだからです。法則が働いた成果を体験するのに、その法則を理解する必要はないのです。

許しのテクニックを用いて人々が味わう奇跡のような成果は、徹底的に調べる価値があります。私の同僚たちの多くは、宇宙のすべてのエネルギーの流れは、許しを実践するときに解放されるエネルギーも含め、いつか科学的に説明されると考えています。言い換えれば、奇跡は実際に当たり前のことで、宇宙の自然な法則に基づいているのです。

三章　「許し」の持つパワーについての科学的証拠

許しの効き目が明らかになったので、私は文献を調べ始めました。奇跡のように見えるこれらのできごとをはっきり理解したかったのです。調査をすると許しについての研究論文をいくつか見つけました。しかし許しの結果として、物質的な見返りを含め、夢や目標を実現できた人々についての研究は、一つも見つけることはできませんでした。出版された研究論文の焦点となっているのは、許しがいかに人間の精神や感情や身体の健康を改善するかという点でした。研究論文のどれも、許しのプロセスがどう働くかについて研究していませんでした。けれども、許しは科学にとって間違いなく興味深いテーマだということはわかりましたし、この分野についての真面目な研究があることも知りました。

許しの研究

スタンフォード大学の「フォギブネス・プロジェクト（許しのプロジェクト）」の主導者であり、プロジェクトの共同設立者であるフレッド・ラスキン博士は、大学生やもっと若い年齢層、中年、心臓病患者、そして政治的暴力によって家族を亡くした北アイルランド出身のカトリック教徒やプロテスタント教徒について、許しの研究を行ないました。ラスキン博士は、著書『あの人のせいで……をやめると人生はすべてうまくいく！（Forgive for Good: A Proven Prescription for Health and Happiness）』（ダイヤモンド社、二〇〇四年）の中で、最初の研究を進めるうちに、許すことを教えられた人々が、怒ることも傷つくことも少なくなり、楽天的で、思いやりがあり、自信に満ちた人間になっていく様子に気づいたと語っています。これらの「許す人々」は日頃怒りをあまり抱え込んでおらず、怒りを溜め込んでもいませんでした。ラスキン博士の別の研究によると、ストレスに感じることやストレスが身体の調子に現れることが減り、活力の増加が見られました。

ラスキン博士はまた、テネシー大学と、ウィスコンシン大学、マディソン大学で行なわれた研究について書いています。その研究によると、医者に慢性疾患だと診断された症状がましになったり、血圧が下がったり、ストレスが少なくなったり、病気による症状がましになったりと、許しのおかげで健康が改善するそうです。許しの研究に参加している被験者たちは、鬱《うつ》病がましになり、精神的なつながりも改善し、概して肉体的にも、精神的にも、改善が見られたと報告しています。

ラスキン博士は「許しの研究キャンペーン」（A Campaign for Forgiveness research）に携わった大勢の研究者の一人です。「許しの研究キャンペーン」は許しの科学的研究を支援する組織でした。ジョン・テンプルトン財団やそのほかの団体が、七〇〇万ドルを寄付し、許しの効力についての四六の目新しい研究計画に資金を提供しました。キャンペーンの実行委員長、エヴェレット・L・ワージントン・ジュニア博士は次のように述べています。

『つい最近まで、科学は許しを研究する方法として採用されませんでした。しかし私たちが始めた新しい研究方法は、私たちの人生における許しの大きな意義を明らかにする可能性を秘めています。つまり、許しが世界中で不幸を減らし、人生の質を高めるということです』

ワージントン博士は心理学者で、一九八〇年代に、問題を抱えるカップルたちの悩みに取り組む一方で許しの研究を始めました。その頃私生活で悲しい事件を経験したことにより、いっそう許しの研究に情熱を注ぐようになりました。一九九五年の大晦日に博士の母親が殺されたのです。その後博士は悲しみを振り払うように本を書き、研究論文を発表し、「許しのキャンペーン」を始動させました。この組織を通じて博士は数百万ドルを調達し、国中の研究者に許しの研究をするために分け与えました。

この分野でのこれまでの研究の大半は、許しの心理学的側面や感情的な側面に焦点を当てたものでした。けれども科学者の中には、許しに見られる心と体のつながりや、許しが人そのものにどのように影響を与えるかといったことを研究している人たちもいます。英国のシェフィールド大学出身の臨床心理学者、トム・ファロウ博士は、脳における許しの効力を研究していました。運のよいことに、ファロウ博士は英国に住んでいました。英国では医学研究に絞った場合、脳科学はもっとも最先端の分野の一つなのです。二〇〇一年にファロウ博士と同僚は磁気共鳴映像法（ＭＲＩ）と呼ばれる脳スキャン方法を用い、被験者が許した場合と許さなかった場合の脳の血流の変化を調べました。彼らは、被験者が許すと、前頭葉の一部の働きが活発になることを発見しました。前頭葉のその部分は感情や問題解決や複雑な思念に関わる領域です。許しは脳の後部の領域にも影響を与えていました。想像や記憶に関する領域です。

イタリアのピサ大医学部で臨床生化学教授を務めるピエトロ・ピエトリーニ博士は、人のふるまいや感情がどのように脳で決定されるかを研究しています。博士の予備研究の結果によると、善悪の判断、道徳上の苦痛、感動や決断に携わる脳の領域は、許しと関連を持つそうです。その領域とは前頭葉で、この部分はまた、思念したり推論したりする、より高度な機能をつかさどる領域です。科学者の中には、他人と協力するために人間は生まれつき許すようにできていると信じている人たちもいます。許すことで周囲の状況に適応でき、生き残るチャンスも増えるためだというのです。アメリカのアトランタにある、エモリー大学ヤーキズ・リージョナル霊長類研究センター（Yerkes Regional Primate Research Center）のリビング・リンクスセンター長フランス・ドゥ・ヴァールはこう信じています。人間は哺《ほ》乳動物なので、心理学上許しを学ぶように作られていると。また彼はこう言っています。「他人を攻撃したり他人におびえたりして自分の利益をだいなしにするなんて愚の骨頂だ。だからすべての哺《ほ》乳動物は生き残るため、ある戦略、つまり敵対心を乗り越える力を発展させるのだ」

これまでの私の研究は個人のケースに基づいたもので、現実に聞いた話ばかりです。そのため結果については、注意深く行なわれ、専門家に論評されるような研究のように一般化されることはありません。しかし私は、同じように特筆に値する結果を得たケースを十分に集めてきました。

私が教える許しのテクニックを用いた人々のケースでは、講座の参加者は全般的に、精神的にも感情的にも肉体的にも予期された改善が見られたと述べています。さらに彼らは具体的な目的や夢が実現に近づいたと述べています。私が読んだ研究論文には被験者が具体的な目的や夢を実現させることが増えたという記述は一つもありませんでした。でも研究者たちは具体的なものが手に入ることが増えたことには気づかなかったのかもしれません。なぜならこれらの研究では、肉体的、感情的、また精神的な健康に焦点を当てていて、この変数を求めたりテストしてみたりはしなかったからです。

つけ加えると、許した人々と交流することにした人々は、許した人が以前よりずっとつきあいやすくなり、また全般的に前よりもっと気持ちのいい人になったと報告しています。現在のところ、出版された研究書のどれにおいても、許された人にどんな影響があるかは記述されていません。私が読んだ研究書に関する限り、この変数もまた考慮されるものではなかったのです。

許しは心理的、社会的、感情的領域に属するので、許しはこれらの領域において人の人生を改善するだけだろうと私は考えていました。許しによって人は気分がよくなり、人間関係を改善することを知っていました。許しがないと、人間関係に悪い影響しか与えることができないことも知っていました。けれども、許しがないとお金や仕事や出世といった人生のあらゆる面で目標が実現しないなどとは思いもよりませんでした。また、ある人が誰かを許すと、その人に接触しなくてもよい影響を与えるということにはとても驚かされました。このため、許しの研究においては、もっともっと研鑽《さん》を積むことが必要だと悟りました。私の願いは私が発展させてきた許しのテクニックが科学的に研究されることです。

許しのテクニックはどのように働くか

私はこれまでずっと、何かを定義する説明では満足せずに、どうやってという仕組みを知りたいと思う人間でした。それが何かを説明するだけではなく、それがどうやって動くのかを説明して！という人間なのです。許しについて私が読んだ研究論文では、許しのプロセスがどんなふうに働くのかを述べたものは一つもありませんでした。そのため私は、私の講座の受講者たちが許しのテクニックで体験した尋常ではない成果を理解するために、量子物理学を参照しなければなりませんでした。

私の講座の受講者や指導している人々や読者が、ずっと接触していなかったけれども自宅でこっそり許した相手がだしぬけに――普通は一週間以内に――連絡を取ってきたと説明してきたときには、本当に驚きました。中には許しの宣言を行なったあと数分以内に電話がかかってきたり、メールをもらったりした人までいました。ほかの人も二、三時間のうちに連絡を受けていました。私がテクニックをコーチしたある人は、許した相手から不意に四通ものメールを受け取ったそうです。相手の多くが数年間音信不通だった人々でした。さらに何人かは許した相手から郵便で小切手を受け取っています。少なくとも二件では、数年間音信不通だったのに許した相手が訪ねてきたそうです。大勢の人々が、許しのテクニックを用いたあと、ほかのところから郵便で小切手を受け取ったと報告してきました。

許しは宇宙の法則なので、これらの一見奇妙なできごとも、科学で説明できると私にはわかっていました。ただ、私たちが理解している科学がこの驚くべき法則に追いついているのかどうかが疑問でした。調査を始めた私は、誰かが他人を許すとき、エネルギー的に何が起きるのかについて、量子物理学がもう少しで説明できそうだと知って喜びました。受講者の人たちに、ある人——しばらく音信のなかった人たち——のことを考えたあとでその人から電話がかかってきた経験がある人、と尋ねてみたときに結論を下すことができました。受講者の半分以上の人が手を挙げたとき、許しのテクニックの背後には同じ法則が働いているとわかりました。何らかのやり方でエネルギーが解き放たれただけでなく、許した人と許した相手とのあいだで伝達がテレパシーで——あるいはいわゆる「虫の知らせ」で——行なわれたのです。

「量子物理学」という言葉は難しそうに聞こえますし、人によっては高校や大学の科学の授業でひたすら先生の講義を理解しようとしていた日々を思い出すでしょう。科学の先生は本当に英語を話しているのかしらと私は何度も思いましたし、先生が本当に英語を話しているのなら、私のほうが突然英語を理解できなくなってしまったのではないかと心配にもなりました。ですからこれから私が許しの概念について、量子物理学をもとに、基本的な言葉とこの件に関して得た知識を用いて説明しますが、我慢しておつきあいください。

『癒やしのことば——よみがえる「祈り」の力（ヒーリング・ライブラリー）（Healing Words）』（春秋社、一九九五年）の中で、著者であるラリー・ドッシイ医学博士は、祈りや思念や瞑想の癒やしの効果について行なわれた科学的研究について述べています。病院の心臓病科に通う患者に対して行なわれた二重盲検法（試験者にも正解が知らされずに行なわれる方法）によるある実験では、お祈りをしてもらった患者は、祈禱中に名前を挙げてもらえなかった患者に比べ、より治療の効き目があり、その差は統計学上意味のあるものでした。

ドッシイ博士はまた、思念のパワーは鉛を突き抜けて進むことができるのか、距離によって力が低下するのかを判断するために科学者たちが行なった、思念のパワーと放射線の特徴を比較した研究についても述べています。その科学者たちは、思念のパワーはおそらく放射線のように波となって進み、放射線と同じような特徴を持つという理論を立てました。この研究では、被験者たちはバクテリアや菌類やガン細胞まで入っているペトリ皿に自分たちの念を送りました。被験者たちは別室に置かれたペトリ皿からは隔られていました。驚きの結果が出ました。被験者たちは差し向けた思念によって、生物組織や細胞を成長させたり、収縮させたりできることがわかったのです。この結果は、思念による命令を受けない生物組織や細胞の対照群と比べると、統計学上意味のあるものでした。科学者たちは、差し向けた思念は放射線と違って鉛を突き抜けて進むことができ、距離によってそのパワーが低下しないことも発見しました。ペトリ皿を鉛張りの部屋に置いても、国を隔てたところに置いても、被験者たちは同じように思念でもって生物組織や細胞に影響を与えることができたのです。

量子物理学を研究する科学者の中には、これらの結果は「ホログラフィー宇宙モデル」で説明できると信じる人々もいます。「ホログラフィー宇宙モデル」はまた、ある人が許されたときになぜ自分を許した人に不意に連絡を取る気になるかということを説明しています。ホログラムではすべての部分が全体を形成しています。これはつまり、宇宙とその中の万物は回路やネットワークを形成しているので、できごとはたちまちどこでも伝わってしまうということを意味しています。『聖なるマトリックス（The Devine Matrix）』（ナチュラルスピリット社、二〇〇八年）の中で、著者グレッグ・ブレイデンはこう述べています。「意識のホログラムでつながっている宇宙では、私たちがよいことを望んだり祈ったりした瞬間に、その相手に届くということなのです」

電話線やインターネットやメールも郵便局も必要ないのです。同日配達ですって？　いいえ、即時配達なのです！　私たちの思いや祈りはどこかに行くわけではないのです。すでにちゃんと目的地に届いているのです。

宇宙のホログラフィックな特性をさらによく理解するために、私たち自身の体から始めましょう。たとえば、私たちの体の生殖細胞を除くどの細胞にも体全体の設計図が含まれています。おのおのが全体を含んでいると、それはすなわちホログラフィックな性質だということです。脳もまたホログラフィックな働きをします。ある人が殴られたりして何かの外傷を負うと、傷ついたり壊死したりした部分にかわって脳のほかの部分が機能するようになるのです。さらに、ある種の記憶を蓄えることがわかっている脳の部分が破壊されたり除去されたりしても、患者はこれらの記憶を呼び起こすことができるということを科学者が証明しています。これはつまり、脳のほかの部分にも記憶が蓄えられているからに違いありません。このことから脳もホログラフィックな性質を備えていることがわかります。『聖なるマトリックス』でブレイデン博士はこう続けています。

『光子間の情報や愛する人々を思う祈りや地球の反対側の場所の平和を祈る願いが、どこを経由することなく直接相手に届く宇宙に住めるでしょうか？　答えは「はい」です！　この形が、まさしく私たちが住む宇宙の姿なのです』

ブレイデン博士は、カリフォルニア州メンロー・パークにあるスタンフォード研究所（ＳＲＩ）の認知科学プログラムの共同設立者であるラッセル・ターグ博士の言葉を引用しています。

『私たちは、非局所的な世界に住んでいます。この世界では事物は物理的に分かたれていますが、それにもかかわらず、即座に触れ合うことができるのです。目を閉じて約一七〇〇キロも離れたところにいる人にメッセージを送るということではなく、ある意味においては私の意識と相手の意識には区別がないということなのです』

ホログラムのもう一つの原理は、一部分で何か変化が起きると、全体に影響するということです。つまり、たった一人を許すというあなたの些細な行為は、その人に影響を及ぼすばかりでなく、実際に社会秩序全体に影響を与えたり、宇宙全体に感じられたりするということなのです。また、十分な数の人が人を許せば、世界全体が、私たちがまだ想像し始めたばかりのすばらしい世界へと変化することを意味します。

文章で読むと少々妙に響くかもしれませんが、考えてみれば、私たちは皆、この原理を行為で証明するという体験を重ねてきました。許しを行なったあと許した相手から連絡のあった人や、ずっと音信不通だったのに不意に心に浮かんだ人から電話をもらった人に加え、この原理が働いた例はほかにもたくさんあります。たとえば一卵性双生児の一方が夜中に胸痛を覚えて目覚めると、もう片方は数千キロ離れた場所で心臓発作を起こすというような体験談をよく聞きます。母親の体験例もたくさんあります。真夜中に子どもに何かが起きたことをただ「知って」目覚めたという話です。多くの人が、何らかの精神的、感情的、あるいは超自然的なできごとを体験して愛する者の正確な死亡時刻を「知った」と報告しています。あなたもきっとホログラフィック・モデルが一番うまく説明できるようなできごとをたくさん思いつけるはずだと思います。

この原理にはいくぶん議論の余地があります。なぜなら量子物理学は科学研究において比較的新しい分野で、ホログラフィック・モデルはさらに新しい学説ですから。しかし技術の進歩のおかげで、科学的発見が猛スピードでもたらされるので、もっと研鑽《さん》を積んだベテラン世代の科学者やもう少し若い疑い深い人たちが、ホログラフィック・モデルを無視しようとせず、徹底的な調査を支援してくれることを願っています。

思い出してください。二本の棒切れをうまく擦り合わせれば火がつくことをたまたま発見していなかったら、マッチやライターの発明はありませんでした。先の世代の科学者や技術者たちが開発した技術に甘えてきた想像力豊かな若い世代は、先の世代が土台を築いていないと、ホログラフィック・モデルのような「バカげて聞こえる」考えを理解することはできないでしょう。ほんの二四歳のときに「万有引力の法則」を発見したサー・アイザック・ニュートンはかつてこう言いました。「もし私がほかの人より先を見通したとしたら、それは偉人たちの研究のおかげだ」と。私は想像力豊かな人たちがホログラフィック宇宙モデルの研究を行なうのを支援するために科学社会を奨励し、機関に資金を提供しています。得るものが多いとわかっているのに、前向きの進歩を阻むようなエゴはお呼びではないのです。

四章　「許しの法則」を人間関係の修復に用いる

厄介な人間関係によい影響をもたらす許しの用い方
――三段階のテクニック

すべての許しは、固い殻の層を取り除くと、あなた自身や、ほかの人との人間関係に行き着きます。あなたもすでに理解しているように、人間関係は時に複雑になります。期待や性格の不一致が問題をさらに複雑にします。そのうち、怒りや憤りで層をなした高い壁が築かれることになります。そんな場所、楽しくありません。この本の中で、私が人間関係にかかわる許しにこれほどたくさんの時間を割くのはこれが理由です。

私の講座の受講者の多くは、私が指導を行なっている人たち同様、一人または複数の相手との問題を抱えています。こういった関係によい影響を与えるため、私は三段階の許しのテクニックを教えています。受講者たちはこのテクニックを用いると、人間関係に際立った変化があったと報告してきました。このテクニックは元夫との問題を抱えている女性がよく用いますが、職場の上司や同僚、自分の子どもたちや、ほかの家族、あるいは友達とのトラブルを抱えている場合にも用いることができます。

この章で説明する「三段階の許しのテクニック」は私の受講者の多くが用いて、早々と驚異の結果を出し、家族や友達、上司や同僚などとの関係を修復してきました。「三段階の許しのテクニック」には二章で述べた「許しの宣言テクニック」を含みます。「最初の段階」では、修復したい関係について目標宣言を書きましょう。「第二段階」では、二章で述べた許しの宣言テクニックを許したいと思う相手に対して用います。「第三段階」ではこの人物のさらに高次の存在と魂と魂の会話をするのです。このプロセスは次のページで述べます。また私が指導しているうちの一人が「三段階のテクニック」を用いて行なっている行動計画の一例も挙げておきましょう。そうすればあなたにも「三段階のテクニック」がどのように働くかわかるでしょう。

ここでもはっきり言っておきますが、二章で述べた許しの宣言は、あらゆる人に対して用いることができてエネルギーを放出させ、あなたの願いと望みを実現させるでしょう。「三段階の許しのテクニック」は関係の改善または修復を望むときにだけ用いてください。これらのテクニックはどれも、許そうとする相手に接触することなしに自宅でこっそりと行なうことができます。

■ステップ1：人間関係や障害や障壁に対する目標宣言を書く

あなたはまず、関係がどんなふうになってほしいかと、それをいつ実現したいのか宣言しなければなりません。これはあなたの目標宣言です。「どんなふうに」とは、たとえば相手があなたに基本的な尊敬を示す、といったことです。この宣言はテリーも使えるものでした。彼は元妻ともめていました。テリーはまた、幼い息子のマークと二人で過ごす時間を増やしたいと願っていました。それに元妻のヘザーが息子の前で、自分を悪く言うのをやめてほしいと思っていました。さらに彼は子どもの養育費を減らそうとしていました。テリーはこれらの具体的な宣言を自分の目標として書きました。

私とヘザーの関係は、（　目標日　）までに尊敬と親切に満ち、公正なものとなっている。

ヘザーは、（　目標日　）までに息子の前で私についてよいことを言う。

私は（　目標日　）までに一カ月につき息子と一八日のお泊りができる。

子どもの養育費は、（　目標日　）までに（金額）だ。

目標宣言には、前向きで将来を見据える言葉だけを使いましょう。あたかもすでに達成したように書き、実現する目標日も書きましょう。「するはず」（*will*）、「望む」（*want*）、または、「するつもり」（*intend*）、あるいは少しでも否定的な言葉、たとえば「借金のない」、「苦痛のない」、あるいは「中毒のない」なども入れてはいけません。

人間関係の目標宣言に加え、ほかの心理的妨害や障害に対する宣言も書きます。これらはなぜ願いがまだ実現していないのかについて、あなたが心の奥底に抱いている思いや感情に取り組む宣言です。心理的な妨害や障害はどれも、なぜあなたの目標がまだ実現していないのかについてあなたが思いつく言い訳なのです。たとえば、もし妨害が「元夫は怠け者で、仕事は長続きせず、子どもの養育費を分担してくれない」だとすると、この妨害に対するあなたの宣言はこうなります。「元夫は給料のよい職について楽しそうに働き、養育費を期日に全額支払ってくれる」もう一つ、自分が払っている子どもの養育費を、元妻がジムやスパに行くのに使っていると思っている元夫の例を挙げましょう。元妻に対してのこのようなよくない考えは、エネルギー的または心理的障害物や妨害となってしまいます。この妨害を、彼が心から願うことを書いた宣言へと変えてみましょう。するとこうなります。「元妻は、子どもが幸せに育つためにと私が送ったすべての養育費を子どもたちのために使っている。元妻は私たちが交わした法的同意の重要性を理解し、敬意を払ってくれる。元妻自身が必要なものやほしいものには、自分の収入やほかのお金を使う」

テリーがこのテクニックの2と3を実践し、あわせてこれらの宣言を述べ始めると、ほんの一週間ほどで最初の結果が出たので、彼はびっくりしました。息子を迎えに行くと、ヘザーはマークの前で、テリーの悪口を一言も言わなかったのです。ヘザーは一カ月に一八日間のマークのお泊りに同意し、テリーが支払う養育費を半分に減らしてくれたのでした。

■ステップ2：許しの宣言を行ないましょう

ステップ2では、二章にあった許しの宣言をあなたが気に病んでいる相手に対して真心を込めて行ないましょう。たとえあなたがまだ怒っているとしても、これは大事な一歩で、エネルギーをよい方向に送ってくれます。

■ステップ3：魂と魂の会話をしましょう

最後に、あなたが許した相手と、自宅でこっそり魂と魂の会話をしましょう。これは許しの宣言と同じです。その人と接触する必要はありません。一人になれて、くつろいで、邪魔の入らない、静かなひときを見つけ、その人を心の中に思い浮かべます。許しの宣言のときと同じように、この世の意地悪で嫌な姿ではなく、幸せそうな高次の立派な姿を心に思い浮かべてください。あなたの願い通りに相手があなたを扱っていてくれれば、相手がどんなふうに見えるかをあなたが想像する通り、幸福そうに微笑みを浮かべた相手をはっきりと思い浮かべてください。次に、魂と魂の会話をしましょう。あなたの気持ちを、相手の高次の姿に対して吐き出しましょう。あなたは自分の願っていることをはっきり発言でき、遠慮なく正直になれると感じられます。心のうちを吐露することができます。相手の高次の姿があなたの言わなくてはならないことを親切と同情を示しながら受け入れてくれるのを思い浮かべることができます。

ＰＥＳＣテクニック

上記の魂と魂の会話をするにはどのようにするのが一番よいかを知りたいと思う方もいることでしょう。私は、問題について相手と話し合いたいと願う人々のためにとても役立つＰＥＳＣテクニックを発見しています。このテクニックは魂と魂の会話に役立つばかりでなく、直に対決しなければならない人々にも非常に役に立ちます。ＰＥＳＣは各言葉の頭文字を取ったものです。

Ｐ――問題（*Problem*）
Ｅ――感情（*Emotion*）
Ｓ――解決法（*Solution*）
Ｃ――結果（*Consequence*）

「Ｐ」の段階では、あなたを悩ませる**問題点**（*problem*）をただ述べてください。魂と魂の会話では、あなたは詳細に述べることができます。なぜなら相手の高次の存在と話しているからです。相手の高次の存在は非難しないことを忘れないでください。つまり、相手は協力的で、あなたやあなたが言うべきことを拒絶しないということです。もしあなたが穏やかで、親切で、思いやりがあり、天使のような相手の姿を想像することができたら、相手の高次の姿も想像できるはずです。相手に対して手紙を書いてもかまいません。人によっては手紙を書くことで、自分の考えを明確にすることができるのです。

「E」の段階では、その問題をあなたがどう感じているかを述べます。つまり、その問題が引き起こす**感情**（*emotion*）を見つけるのです。あなたの感じ方には四つの基本的状態があります。憤り（立腹）、悲しい、不快、うれしい、の四つです。あなたが思いつく感情はもっぱらこれらの四つの範疇のどれかにあてはまります。魂と魂の会話にはこれが不可欠ですが、相手との話し合いにも非常に有効です。このテクニックがよく効く理由は、人々があなたの感情を否定することができないからです。このテクニックは一般に「アイ・ステートメント」（「私」を主語にする文）を用いることで知られています。あなたはこう言うのです、「あなたが（X）するとき、私は（Y）と感じる」「X」のところには問題点を、「Y」のところには、あなたがその問題点をどう感じるかを述べてください。「アイ・ステートメント」を使う利点は、あなたが接する相手が、受け身になるのを防ぐ点です。「ユー・ステートメント」（「あなた」を主語とする文）を使うと、相手は自動的に受け身になるのです。また動揺すれば、ほとんどの人はたいてい「あなた」で始まる文章を使ってしまいがちです。たとえば「あなたは、全然話を聞いてくれない。あなたは利己的だ。あなたは私をひどく傷つける。あなたは信用できない。あなたはいつも嘘をつく」といった文章です。「ユー・ステートメント」が向けられる相手は、自己防衛以外ほとんど選択肢がありません。相手の自己防衛は一般的に相手からの「ユー・ステートメント」へとつながります。そしてこれらは「あなた」非難を始めた人へとまっすぐ戻されるのです。いったん双方が防衛に回ってしまえば、建設的な話し合いはストップしてしまいます。

厄介な人間関係に対処するための「三段階の許しのテクニック」の一部として、許そうとする相手の高次の姿に対してあなたが考えた「アイ・ステートメント」を用いることができます。高次の姿である相手はあなたを非難しないでしょう。結果、あなたは一つ一つの文章をきちんとした形で言葉にしようとしてハラハラすることも、卵の殻の上を歩いているかのようにヒヤヒヤすることもありません。

本来「アイ・ステートメント」は、話し手が問題点を述べて終わり、その問題点によって話し手がどう感じたかを確認します。しかし、もしあなたが解決策を提案せずに問題点を説明する場合は、問題点を解決したいというあなたの目標はなかなかかなえられないかもしれません。それゆえ、PESCテクニックの「S」は**解決法**（*solution*）を表しているのです
相手の高次の姿と話し合っているときに、自分の考えた解決法を話してください。自由に詳細を語って、ありったけの胸の内をさらしてください。忘れないでください、相手の高次の姿はうんざりしません。ですからあなたは好きなだけ話してよいのです。また、もし手紙を書くことが自分の考えをはっきりさせるのに役立つのなら、相手の高次の姿に自由に手紙を書いてもよいのです（もし相手と直に話し合うのなら、あなたの考える解決法をなるべくはっきり口にすることが大事です。もし時間があれば、スムーズに話し合いが行なえるように、あらかじめ解決法を具体的に考えておきましょう）。

あなたが解決法だと考えることを説明したあとは、もし解決できなかったらどうなるかについて話さなければなりません。これは、PESCの「C」で、**結果**（*consequences*）を表しています。この段階で

は、あなたが許そうとしている人の高次の姿に、あなたが提案した解決策が一考もされず、また問題点も放置されたままの場合、結果はどうなるかを説明しましょう（もし相手と直に話し合うなら、二人が問題を解決しようとしない場合、結果がどうなるかを正直に話す必要があります）。次に相手の高次の姿があなたとの話し合いや解決法を受け入れてくれるところを想像しましょう。あなたは、相手が前向きで協力的な言葉であなたの見方に対応してくれるところを想像したいと思うかもしれませんね。

ＰＥＳＣ法を用いた短い会話の一例を挙げましょう。

あなたが毎月毎月私たちの収入より多いお金を使い続けたら、ふくれあがる借金で、私は将来が不安になり、腹を立てて、おびえてしまうわ。一カ月の生活費や借金の返済計画を二人でしっかり考えたらどうかしら。もしあなたが生活費を考えもせずに浪費し続けるなら、私は不安を抱え続けることになるし、将来のことについて、ほかの選択肢を考えなくてはいけなくなるわ。

これは多くのカップルにかかわる話題を話し合うときにＰＥＳＣテクニックをどう用いるかの短文の例です。あなたの相手や配偶者の高次の姿との会話では、もっと長くなるに違いありません。でもこの例はＰＥＳＣをどう盛り込んで会話するかについて、一つのヒントになるでしょう。

人間関係の目標にたどりつく

『引き寄せの法則：強力な引き寄せの力を身につけよう』の中で、私は結果をすぐに出すための、個人個人に応じた行動計画の書き方について詳細にわたって説明しています。この行動計画では、一度に一件から三件の目標を選びます（一度に三件以上目標を立てるのはお勧めしません。というのは、あなたが参ってしまうかもしれないからです）。

この行動計画に取り組めば、人間関係の目標をより早く達成できるでしょう。以下に、用いられた方法についての説明と、テリー（この章の初めのほうに載っています）と私が、テリーの人間関係の目標を実現できるように考えた、「引き寄せの法則」の実際の行動計画が書かれています。これらの六つのステップに従ってあなた自身の行動計画を考えたいと思うかもしれませんね。一〇七ページから一〇九ページまでは、あなたの行動計画の記入用に、空白にしてあります。

ステップ1では、あなたの目標を挙げてください。一般的に人々が目標を立てる分野は、お金、人間関係、仕事、健康、の四つです。テリーは、現在の関係を改善したいので、それが、テリーの目標になります。

ステップ2では、前向きな言葉だけを用いて目標宣言を行ないます。目標を達成するのに妥当だと思われる予定の日付も入れてください。

ステップ3は二つの部分から成り立っています。最初は、目標達成の前に立ちはだかる心理的妨害と、その妨害についてあなたがどう思っているかをすべて書きましょう。次に、これらの理由や言い訳を、一つ一つ逆転させてみましょう。

ステップ3のパートAでは別の紙を用いて、あなたが目標を達成するのを阻む心理的障害物や妨害を一覧にします。あなたの感情や気持ちをよく見つめ直してください。目標に対して抱く、内に秘めた思いや感情はありませんか。時間を取ってこれらの思いや感情と向き合ってみましょう。どうして目標がまだ達成しないのか、あるいはなぜ夢が実現しないのかと自分自身に尋ねてみてください。言い訳や、あなたが理由だと考えつくものをいくつ書き込んでかまいません。言い訳は、こんな言葉か似たような言葉で始まる文です。

でも……
もし……だったら
私には……できない
……がかかりすぎる（努力、時間、お金、技術など）
私は忙しすぎる、疲れすぎている、若すぎる、年を取りすぎている、太りすぎている、やせすぎている、背が低すぎる、高すぎるなどなど……
以前試したときは、だめだった……

私の講座で、特に人間関係についてよく聞く言い訳‥

男／女は、皆バカでいかがわしい詐欺師、私のお金をねらっているだけ、など。

過去に人間関係でつらい目にあった。わからないでしょうけど、とてもひどい関係だった。

かつての配偶者を信じられない。彼らは私と私の持っているものをほしいままにするだけ。

かつての配偶者は、子どもたちを私に歯向かわせようとする。

かつての配偶者は、私の人生を崩壊させる計画を立てるのにかかりきりだ。

かつての配偶者は、私が払った養育費をすべて自分と自分の新しい相手のためのものを買うのに使っている。子どもたちは一銭ももらっていない。

一覧はさらに続きます。

一つ言い訳を書くたびに、その言い訳をあなたがどう感じているかを横に書きます。言い換えれば、もしあなたが「私の目標は実現しない。なぜなら前の配偶者が理不尽な人間だと思うから」と書くのなら、さらにこう書きます。「腹が立つし、イライラする」この方法を使うと、あなたの思いや感情を判断することができますし、あなたの目標の実現を阻むとあなたが信じている問題もはっきりと言えるはずです。

ステップ3のパートBでは、先ほど書き留めた言い訳を一つ一つ取り上げ、逆転させます。これが大事です。なぜなら否定的な言い訳は、心理的またはエネルギー的障害物や妨害となりかねません。それらは文字通り、あなたの目標や夢が実現するのを阻みかねないのです。このステップでは、**望まないこと**ではなく、かわりに**望むこと**を書きましょう。たとえば、もしあなたの元の配偶者が養育費を払わないのなら、その特別なエネルギー的妨害に対するあなたの宣言はこうなるでしょう。「私の元夫は、喜んで養育費を毎回きちんと全額払ってくれる。元夫は健康で有能で成功していて、養育費を楽に払える、たっぷりとした収入がある。彼はこれらの養育費が、子どもたちが幸福でいるためのものだということをしっかりと理解してくれている。彼は養育費を期日に全額支払うことができるし、進んでそうしてくれる」

障害物や妨害をすべて逆転させ、心理的あるいはエネルギー的障害物や妨害への宣言というタイトルの下にこの宣言を書きます。

行動計画のステップ4では、やることリストを作ります。このリストでは、目標を実現させるために実行しようとしている段取りを書きます。やることリストには、エネルギー的障害物と妨害に対する宣言を一日に何度唱えるかの目標回数も記入しましょう。最低でも一日三回は宣言を繰り返すようお勧めします。また、許したい人のリストを作成し、その一人一人に対して、許しの宣言をするという誓いを記入します。あなた自身や許したい人々に許しの宣言をするという誓いを書くのを、忘れないようにしてください。魂と魂の会話を書くのを忘れないでください。目標を実現させるために必要な追加の行動も書きましょう。行動はとても大事です。ソファに座ったり、ベッドに横になったりして、「私は前向きよ、さあかかってきなさい」と考えるだけでは十分ではないのです。目標を達成するためには、あなたは講座に姿を現し、講座に出席し、やることリストを書かなくてはならないのです！　かつてある受講者がこう言いました。「宣言をただ繰り返すだけじゃないんですね。一仕事だわ。そうじゃない？」その質問にははっきりと「その通りです！」とお答えします。このプロセスではあなたが内側も外側もあわせて努力することが求められるのです。でもそれだけの価値があります。

行動計画のステップ5では、あなたの目標が実現しつつあることを実証する、共時現象（目標の小さな実現）を書き出しましょう。もしあなたの目標が、先に挙げたテリーの例のように早々と実現すれば、共時現象や、小さな、徐々に起きるできごとは体験しないかもしれません。けれども目標が実現するまでに少し時間がかかる場合、あなたは自分の目標に関係した、偶然の一致のように見えるできごとに気づくでしょう。「引き寄せの法則」と「許しの法則」がどのように働くかを学んだ皆さんは、本物の偶然の一致などはありえないと知っています。たとえ偶然の一致に見えても、本当は私たちがある目的、あるいはほかの目的のために、自分の人生に引き寄せたものなのです。あなたが宣言を述べ、許しを最後までやり遂げて、やることリストを遂行したとき、エネルギーは動き始めるのです。エネルギーが動き始めれば、目標の小さな実現が頻繁に起こり始め、目標の実現が軌道に乗ったことを私たちに教えてくれるのです。

一つの例ですが、ある女性が私の「引き寄せの法則」の何年か前の講座に出席し、事業の拡大を目標として書きました。四週間の講座の三週目、彼女のところに地方紙から連絡があり、その地域全体でトップレベルの黒人女性ビジネスウーマンとして彼女を特集したいと打診してきたというのです。彼女は「これは、共時現象でしょうか?」と尋ねてきました。私は答えました「ええ、そうでしょうね」その地域には一〇〇万人を超える人々が住んでいました。その地域で、その種の指導力についての特集記事が出れば、その女性が述べた目標の実現にずいぶん役立ったでしょう。

行動計画のステップ6では、あなたがその願いを抱いた日付と時刻を書きましょう。またその願いについてどう思ったかを書き留めましょう。これはとても大事なステップです。日付と時刻、また願いへの思いを書き留めると、未来に向かう歴史的視点が持てます。進み具合や、願いの実現までにどれくらいかかるかを書き留めたくなるでしょう。これは、将来さらなる目標を抱いたときに助けとなります。一度に三件以上の目標に取り組むのはお勧めしませんので、もしそうしたければ、一つの目標を達成したらすぐに新しい目標をつけ加えてよいのです。

もしあなたが私のような人間でしたら、一例を見れば、やり方が一番よく飲み込めると思います。この行動計画は、元妻とのあいだに抱えていた厄介な関係に対処するためのテリーの計画です。これはまた、彼の息子との関係において彼が抱いた目標のための計画でもありました。この例を通読すれば、あなた自身の行動計画を書く上で役立つでしょう。テリーの計画では、テリーの許しの宣言や魂と魂の会話は、ステップ4（やることリスト）の部分に含まれているのに気づかれるでしょう。これは私の「引き寄せの法則」の受講者や教え子が、人生のすべての分野において、目標にたどり着くために用いるのと同じ書式です。もしあなたがある人間関係をよくしたいと思っているのなら、ぜひこれとまったく同じ書式を用いてあなた自身の行動計画を立ててください。

テリーの許しの法則行動計画

■目標その一

ステップ1：目標の分野：人間関係

私（テリー）は、息子の母親（ヘザー）とヘザーの夫（マックス）との人間関係を改善したい。

ステップ2：前向きな語句を用いて目標宣言を行なう：（具体的ではっきりしたもの。また目標達成の日付を入れる）

私の息子の母親、ヘザーとの関係は、すでに以下のような関係になっている（リスト参照）。この関係は私たちの息子を育てるために役立っている。

どんな関係か：

ヘザーは、私が息子と一緒に過ごす時間を尊重し、支えてくれる。

ヘザーは八月三一日までに、私が息子と過ごす日にちの変更に柔軟に対応してくれる。また私が息子と過ごす時間を増やしてくれる。

ヘザーは、電話でも直に会うときも、息子の面前で私に敬意を表してくれる。

ヘザーは物分かりがよい。子どもの養育費に変更があり、支払う金額は、元々二人が同意した金額になる。

ヘザーは私たちの息子を、よりいっそう愛し、大事にしてくれる。

（読者の皆さんへ：あなたがもしテリーのように元の配偶者と一緒に子どもを育てているのなら、元の配偶者や子どもたちとまだつながりがあるのです。たとえ現実には前と違った種類のつながりだとして

も。それゆえ、あなたが相手に望む態度や相手との関係における目標宣言を書くよう強くお勧めします)

ステップ3：心理的、エネルギー的障害物または妨害に対する宣言：

(テリーは、エネルギー的障害物や妨害と、それに伴う感情が何かを見極め、それらをすべて逆転させました)：

私は現在、息子の母親ヘザーとその夫マックスに支えられている。また、息子との関係がもっと柔軟なものになり、もっと自由に息子に会いに行ける。

私に尊厳を持って対応するのが息子の幸せのために重要で健全なことなのだとヘザーはもう理解してくれている。

ステップ4：行動計画(やることリスト)：

一日三回以上、宣言を口にする。

ヘザーに対する許しの宣言を述べる。

マックスに対する許しの宣言を述べる。

ヘザーの高次の存在と魂と魂の会話をして、私が息子とどういう関係を持ちたいと思っているか、ヘザーとマックスにどう協力してもらえるか、またそれが息子の幸せになぜ大事なのかを説明する。

マックスの高次の存在と魂と魂の会話をして、私が息子とどういう関係を持ちたいと思っているか、ヘザーとマックスにどう協力してもらえるか、またそれが息子の幸せになぜ大事なのかを説明する。

ステップ5：あなたの願いが実現しつつあることを証明する共時発生（目標の小さな実現）：
（テリーの目標は早々と（たった一週間で）実現したので、目標が実現する前に小さな実現は一つも体験しませんでした）

ステップ6：人生においてあなたがその願いを抱いた日付、時間と、そのときあなたがどう思ったか

私が宣言を口にし始めて一週間もたたないうちに、なんとも信じられないことだが、ヘザーの態度が好ましいものに変わった。これほどすぐに私の願いがかなえられたことには驚かざるを得ない。ヘザーは私が週末の訪問で息子のマークを迎えに行った際に、私に対して今までよりずっと敬意を示すようになり、感じもよくなり、私を傷つけるようなひどい態度を見せなくなった。私が息子と会う回数を増やすことに同意してくれた。それに、私の支払う養育費は減額された。

■目標その二

ステップ1：目標の分野：人間関係

私（テリー）は息子とよりよい関係になりたい。

ステップ2：前向きな語句を用いて目標宣言を行なう：（具体的ではっきりしたもの。また目標達成の日付を入れる）

私は八月三一日までに、一カ月に一八日間かそれ以上、息子を自由に気安く泊まらせることができる。

ステップ3：心理的、エネルギー的障害物または妨害に対する宣言：

私はヘザーとマックスに支えられ、息子と自由な関係でいられ、息子を気安く訪問することができる。

私にはこの関係のために割ける時間がある。

ステップ4：行動計画（やることリスト）

一日三回以上、宣言を言う。

ヘザーに対する許しの宣言を述べる。

マックスに対する許しの宣言を述べる。

息子をもっと訪問するため、スケジュールに空きを作る。

ヘザーの高次の存在と魂と魂の会話をして、私が息子とどういう関係を持ちたいと思っているか、ヘザーとマックスにどう協力してもらえるか、またそれが息子の幸せになぜ大事なのかを説明する。

マックスの高次の存在と魂と魂の会話をして、私が息子とどういう関係を持ちたいと思っているか、ヘザーとマックスにどう協力してもらえるか、またそれが息子の幸せになぜ大事なのかを説明する。

ステップ5：あなたの願いが実現しつつあることを証明する共時発生（目標の小さな実現）

（テリーの目標は早々と（たった一週間で）実現したので、目標が実現する前に小さな実現は一つも体験しなかった）

ステップ6：人生においてあなたがその願いを抱いた日付、時間と、そのときあなたがどう思ったか

私は計画を行動に移してから一週間でこの目標にたどり着いた。生じた結果と変化に大きな幸せを感じている。私が宣言を行なったあとで初めて訪問したときのヘザーの私への対応は、ほとんど信じられないものだった。彼女は愛想よく、私に敬意を払い、私が息子ともっと会えるよう一緒に取り組んでくれた。私たちはスケジュールを組み、私は自分が目標に書き定めていた日数だけマークに会えるようになった。私はこれまでよりも頻繁に息子に会えることで幸せを感じ、ほっとしている。

次ページに空欄がありますので、あなた自身の行動計画を書き込んでください。あなたの行動計画を記入したりタイプしたりする際、自由にこの書式をお使いください。毎日少なくとも三回、宣言を繰り返してください。宣言を言うのを忘れないようにメモ用紙に宣言を書き留めたりタイプしたりして持ち歩けば、もっと便利だと思う人もいるでしょう。毎日、行動計画のやることリストを実行しましょう。また、あなたの目標の実現が軌道に乗ったことを証明する共時発生はどんなことも見逃さず、書くようにしてください。

「許しの法則」／「引き寄せの法則」　行動計画

（あなたが願う目標の一つ一つについて、別々に書き込みましょう。一度に一つから三つの目標に取り組んだときに一番効果があることを忘れないで）

ステップ1：願う目標の分野（お金、人間関係、仕事、健康）：

ステップ2：願う目標についての宣言（前向きな言葉を用いて詳しく。目標は必ず具体的に。また目標実現の日付も入れましょう）：

ステップ3：心理的、エネルギー的障害物や妨害への宣言：

ステップ4：あなたの願いを実現するためのやることリスト（「私は一日＿＿回宣言します。（最低三回）：

ステップ5：あなたの願いが実現しつつあることを証明する共時発生（小さな実現）：

ステップ6：人生においてあなたがその願いを抱いた日づけと時間、またその願いを抱いたときどう感じたか：

驚くような成果を待ち望む

テリーの体験とその成果を読んだら、すべてがとてもたやすく起きたように見えるかも知れません。ですが実は、早々と出た成果に、皆と同じようにテリーも仰天したのです。テリーは元妻と厄介な関係に陥っていたので、何についても二人の意見が一致することはもう二度とあるまいと思っていました。けれども息子に会いたいという気持ちがとても強かったので、本気で目標に焦点を合わせ、行動計画のプロセスを実行しました。結果として、テリーはとても短時間で成果を手にしたのです。

テリーと同様に、私の受講者や指導している人たちの多くが、先に述べた厄介な人間関係に対処するために「三段階の許しのテクニック」を遂行したあと、驚くべき結果を報告してくれます。特にこのテクニックが、「許しの法則」と「引き寄せの法則」行動計画の一部に含まれるときです。人々は、この方法を大切な人々に用いたときにすばらしい成果が得られたと報告してきました。この方法は元の配偶者との人間関係に取り組むときに特に役立つように思われます。しかしこのテクニックは、両親や、家族の一員、友達にも、同様に効き目があります。以下に述べるのは、「許しの法則」と「引き寄せの法則」行動計画で修復された人間関係の数例と、それぞれの成功物語です。

元配偶者を許す

ドンナはすばらしい女性で、「引き寄せの法則」を極めるために全力を傾けており、友達全員を仲間にしようと連れてきます。離婚手続きを進めている最中、ドンナは「三段階の許しのテクニック」（四章）を用い、ほんの二週間、たった四時間の講習で、元夫の態度を好ましいものに変えることに成功しました。以下はドンナの物語です。

『元夫と私は二月に離婚調停に入りました。元夫はとても嫌な人間で、私への金銭の支払いの義務に応じてくれません。あなたに教わった具体的な宣言と、「三段階の許しのテクニック」を含めた戦術を用いると、元夫が六月二一日に電話をかけてきました。彼の声には偉そうなところがないということがすぐわかりました。元夫はその日に小切手を郵送できるように、送り先を尋ねてきたのでした！　私がゾクゾクしたのは言うまでもありません！　思うに、元夫が偉そうな態度を取っていた原因の一部は、すべての状況から私が元夫を嫌っていて、怒っているに違いないと思っていたからでした。それならこちらも受けて立とう、と彼は思っていたのです。驚きです！　私は彼のことを嫌ってもいないし、怒ってもいませんでした。彼はどう対応すればいいのか本当にわからなかったのだと、しみじみ思いました！　教えていただいたテクニックが効力を発揮して、もうびっくりです！

私が望む人間関係に関しては（ありますと断言しますが）最後にとっておきのものを取ってあります。私は過去を手放し、魂と頭とは解放されていて、どこへ行こうと、誰に会おうと、愛と幸せに輝くのです。なんてすてきなの！』

たった今ドンナから新着ニュースをもらったのですが、ドンナは本当に望んだ人間関係を実現させました。これこそドンナが言いたかったことです。

コニー様

ええと、五月七日の『「引き寄せの法則」と「許しの法則」を使って完璧なパートナーをどうやって引き寄せるか』の講習には私は参加しないつもり。私がやったことと言ったら、あなたの講習に参加しただけ、それなのに彼は私を見つけたの！　私は宣言を「どこか」にやってしまいました。見つけたら、あなたにこのできごとを洗いざらい、もっと詳しく説明するわね。一カ月ぐらい前、こうつけ加えることに決めたの。「運命は神様のみが知る」ってね。ずっと言ってきたけれど、「神様は気まぐれ」。そう、これも本当に神様の思し召しの一つ。すぐにあなたにもっと詳しく教えるわね。私の「思い」を前向きな方向に導くのを手伝ってくださってありがとう。私はしばらく「禁酒を破っていた」けれど、ふたたび始めてみたら、思ってたよりずっとうまくいったの！　その後はいつも夢見てたように、間違いなく「末永く幸せに」暮してるわ。

神の祝福がありますように！

生き、愛し、笑う
ドンナ

大事な人々への許し

スーザンは「引き寄せの法則」講習に参加して、たちまちのうちに金銭上の目標を実現させ、千ドルを越える思いがけない小切手を受け取り、一週間のうちに三キロ弱やせるというダイエットの目標も達成しました。でも彼女は、一番意味のある目標は一八年連れ添った夫が「初めて」スーザンに「感謝してるよ」と言ってくれたことだと語ってくれました。スーザンが言うには、夫は気持ちを口にするのが難しいと感じる人間なので、この言葉を聞いたスーザンは感動しました。話を聞かせてくれたこの日にも、スーザンは心からの感動で一杯になっていました。

人間関係の目標――ここでの私の目標は、結婚生活で心遣いを示してもらい、感謝されることでした。一八年間の結婚生活を経て（そして初めて）夫は「だしぬけに」、私や私のすることすべてに本当に感謝している、そうたびたびは口にしないけど、と言ったのです。

私は時おり「引き寄せの法則」を受講していました。これほどびっくりするような結果を出したこともなければ、これほど早々と目標を実現させる明らかな方法に出会ったこともありませんでした。私はこの方法をずっと実践し続け、もっともっとよい結果を出していくでしょう！

両親への許し

■ネイトの許しの物語

私が教える人たちはほとんどが中年の方々ですが、若い人たちともうまくやっていけると思っています。若い人たちは許しのテクニックを用いるとき、長年蓄積した怒りと憤りを抱いている年長の方々に比べると、偏見を持ちませんし、喜んで実践する傾向があります。ネイトは食料品店で会った若者でした。彼がありきたりの店員ではないことは見てわかりました。すばらしい微笑みと人なつっこい性格の持ち主で、とても頭がよく、顧客の一人一人に、心からの関心を寄せているように見えました。顧客と話すのを楽しみ、まもなく私を信用して、二〇代になったばかりの頃の許しについての話を打ち明けてくれました。ネイトは両親に大変腹を立てていました。両親は彼の大学三年の学期始めに仕送りを打ち切ったのです。両親は、ネイトが大学のある講義でDを取ったのが不満だったのです。ネイトはほかの講義でAを取り、残りはBだったのですが。もう少しで破産しそうになったネイトは大学を辞め、食料品店で低賃金の仕事に就かねばなりませんでした。住むところも車も失いました。ネイトは、両親が学習障害（LD）を抱えながらも大学で優秀な成績を取った彼の姉と自分を比べるのに腹を立てていました。ネイトは両親の極端な対応を理解することができず、一年半のあいだ、両親とはまったく連絡を取っていませんでした。

私はネイトに「許しの法則」を教え、そのテクニックを試してみたらと勧めました。心のうちでは意気消沈し、動揺していた彼は、自分の抱く怒りと憤りが仕事や人間関係も含む人生のあらゆる分野によくない影響を与えていることを理解し、許しという考えを進んで学ぼうとしました。

許しの宣言をした一カ月後、父親が思いがけず訪ねてきたのでネイトはびっくりしました。自分がどこに就職したのかもまったく知らせていなかったので、父親の訪問にはいっそう愕然としました。父親は、郵便で小切手が届くから気をつけておくように、まもなく届くはずだからと伝えに来たのでした。ネイトは父親とのやりとりが以前会ったときに比べてぎこちなさが薄れ、ずっとくつろいだものになったことに気づきました。父親はネイトと握手したうえ、抱擁までしたのです。

金銭的な成果に加え、ネイトは予定よりずっと早く昇進するという仕事上の目標も実現させたのです。彼の上司は、自分が不在のときにネイトに店の運営を頼みました。またネイトは管理職への昇進を見据えての教育も受けています。二年間も苦労しながら、許しの宣言後たった二カ月間で、どれほど人生が変わったかに、ネイトはとても驚いています。

僕は以前より幸福で、穏やかで、活力にあふれていて、ガールフレンドとの関係も進展しました。かつてはイライラしていた些細なことも、今は気にせずにすみます。許しのテクニックは、殉教者になるかわりに物事をコントロールさせてくれるのです。未来に挑戦できる人生で、すごくシンプルなのにすごく強力な方法を手にしているとわかっているのは安心です。

父親との和解の三カ月後、ネイトの幸運は続き、母親が彼の誕生日に訪ねてきました。二人は昼食を一緒にとりました。二年ぶりの再会で、仲直りをしたのです。第二の成果は、母親と和解したために、母親がネイトのために預金口座を開設し、新たに三万四千ドルを振り込んでくれたことでした。最近ネイトは投機の売買取引で、思いがけず三万ドルを受け取りました。

このお金が入ったので、ネイトは人生や仕事でほかの選択肢について考える余裕ができました。自分の才能と情熱にもっと合った情報技術分野の新しい仕事に就くつもりです。ネイトはまた、待ち望んでいた相応の休暇を取ってガールフレンドと過ごす予定です。それに、ほかの市に引越しすることも検討しています。ネイトはまた、祖父母のためのパーティーに出席して、数年ぶりに親戚と仲直りしました。

■ケリー・アンの許しの物語

ケリー・アンは若くて頭がよく、容姿端麗で、野心的でした。背が高く、やせていて、金髪と青い目の持ち主です。絵に描いたような美人で、男性を捕まえるのに全然苦労しないだろうと思われるにもかかわらず、ケリー・アンは二年以上も人間関係の目標を実現できなかったのです。私の講習で自分の両親について話したとき、ケリー・アンは怒りで顔を真っ赤にし、内面に抱えた怒りは煮えくり返り、声にはっきり出ていました。彼女は両親にとても腹を立てていました。両親は自分をわかっていないし、気遣っていない、また自分のために時間を割いてくれないと思っていたのです。

ケリー・アンは許しの概念に乗り気になりました。両親と和解したいと思っていたのです。彼女は両親を訪問して、許しのテクニックを一緒に実践しました。ケリー・アンは、両親が初めて自分の話をよく聞いてくれた、自分がどう思っているかを理解してくれたと言いました。同時に、彼女は両親の態度を理解し始めました。ケリー・アンが両親に無視されたと感じていたほとんどの場合で、両親は無視するつもりだったのではなく、自分たちの生活や責任に圧倒されていただけなのです。両親との和解後、個人レッスンを行なったときのケリー・アンは別人のようでした。ケリー・アンだとわかるまでにもう一度見直したほどです。彼女は文字通り輝いていました。表情はやわらいでいて、話すときにもう顔を真っ赤にさせたりしませんでした。

ケリー・アンは、両親を許したあとすぐに仕事の目標を実現させていましたが、今はある関係の実現に取り組んでいるところだと言っていました。その一週間後、次の予約を取り消すと電話で連絡してきました。新しい職場で出会ったすばらしい若者との新しい関係を実現できたと言うのです。彼女は休みを取って、若者と浜辺に行きました。ケリー・アンは、私の「ビジネス成功術」講座に母親まで参加させ、母親も自分の夢と目標をいくつかかなえ始めています。

家族の一員への許し

キムは私の「引き寄せの法則」の講習にまったく出席したことがなく、『引き寄せの法則：強力な引き寄せの力を身につけよう』も読んでいないのですが、私がウェブサイトに書いた許しについての記事を見つけたのです。キムは記事をただ読んだだけで、許しのテクニックを用いることができ、びっくりするような成果を手にしました。

その記事について何度も何度も考えたあと、私は忠告に従って、私と私の二人の息子を深く傷つけた家族たちを許してみようと決めました。精神面では、彼らのためではなく自分のために彼らを許さなければならないとわかっていましたが、許しを与えることで、私の人生にも同じように神の恩恵を実現するためのエネルギーが自由になるという考えを疑ってもいましたし、好奇心を抱いてもいたのです。私は数年間、現状打破できそうでできないところで生きてきたので、今だと思いました。

許さなければならない人たちに対して許しの宣言を行なってから三週間足らずで、仕事の状況を改善することができ、昇給とチャンスを手にすることになりました。数カ月間支払いが滞っていた顧客から五万三千ドルの小切手を受け取りました。それに、在宅のコンサルティング業でさらに仕事を獲得しました。何よりうれしかったのは、数カ月前に出会った、あるすばらしい男性とつきあい始めたことです。この人は、私が許しのテクニックを遂行するまで私をデートに誘ってくれたことはありませんでした。これらのことは全部、許しの宣言をしなくてもいずれは起きたのかもしれませんが、私は許しと関係があるのだと信じたいです！

友への許し

「引き寄せの法則」入門講座で厄介な人間関係に取り組むための「三段階の許しのテクニック」を教えていたとき、一番前の列で手を挙げる美しい若い女性が目に留まりました。カーラは自己紹介してから、講座の前夜に私のウェブサイトで許しについての記事を読んだと言いました。カーラはその夜ベッドで横になって、けんかしてしまった友達に許しの宣言を実践しようと決めたそうです。そのけんかはカーラにとって悩みの種でした。カーラは離婚するところで、この友達は彼女にとって大きな慰めになっていたからです。この友情を失うのは大きな痛手でした。カーラが言うには、許しの宣言を終えて数分後に電話が鳴り、当然ですが、それはその友達からの電話でした。二人は不和を解消したばかりでなく、次の週末にコンサートに行く約束をしました。音楽が二人を癒やしてくれるはずだと思ったからです。

友情というのは、私たちの人生で大きな役割を果たします。私が成長するにつれ、ボーイフレンドは去来しましたが、一番仲のよい女友達はよいときも悪いときも私に寄り添ってくれましたし、お互いに今日までずっと友達でいます。友情は本当にとても大事だし、私たちは一つ一つの友情を大事に育てていかなくてはなりません。私が教える人たちの中には、新しい友達を作りたいという目標を抱く方もいます。宣言を書くときには、出会った友達にどんな性質を望むのかを書くように勧めています。新しい友達を作るという目標は、容易に実現できるものなのだということがわかりました。なぜなら、彼らは決まって数週間後に指導を受けに戻ってくるのですから。すでに出会い、交際している、何人かの新しいすばらしい友達を連れて。

友達に関する宣言を書くときには、友達にこうなってもらいたいと思う性格のリストも書くように勧めています。積極的に許しを実践し、目標に取り組み続けたら、あなたは振動のレベルを上げることができるのです。三つのことが起こるでしょう。第一に、何人かの友達が、あなたに合わせて振動レベルを上げてくるでしょう（あるいは友達の振動レベルはすでに高いかもしれません）。第二に、振動レベルを上げる準備ができておらず、また上げたくないと思っている友達はあなたの人生から離れていくでしょう。なぜならその友達は、振動レベルが高いあなたのそばでは居心地がよくないからです。第三に、あなたと同じレベルで振動している新しい友達があなたの人生に現れるでしょう。

友達はまことに貴重な存在です。だからもしあなたがある友達と問題を抱えているなら、「三段階の許しのテクニック」こそ、その関係のバランスを取り戻すために用いるすばらしい方法なのです。

五章
でもまだ怒りがおさまらない……「許し」の際に癒やしのサイクルに取り組む

癒やしのサイクル

講座の参加者や読者から、たびたびこのように質問されます。「許しの宣言を口にしたあとも、まだ怒っていたり、傷ついたままだったりするとどうなるのでしょう？　それでも宣言しなくてはなりませんか？」答えは……もちろんです！　宣言することで精神のうちや心の中、エネルギー場に許しがセットされます。たとえ怒りが解けないままでも、あなたはエネルギーの恩恵を受けることができますし、自分の周囲にエネルギーを取り込めば、あなたは癒やしのプロセスを始めるのです。

許しのテクニックを用いているのに怒りがおさまらず、心の傷が癒えないなら、あなたはまだその喪失を嘆いており、癒やしのプロセスを必要としている可能性があります。思い出してください。誰かを許す必要があるということは、誰かがあなたをひどい目にあわせたということなのです。あなたは傷つけられ、不当にあしらわれ、ことによると心に傷をつけられさえしたのです。あなたの許しを必要とする人や状況のまわりには大量の負の感情が取り巻いています。許しの宣言は非常に強力ですが、何年にもわたって積み重ねられたすべての苦痛を必ずしも取り除くとは限りません。

癒やしには時間がかかります。すべての罪はその当時だけでなく、今もあなたに喪失感を味わわせます。物質面での損失や人間関係の喪失のときもありますが、それは必ず感情面での喪失感です。知人があなたを裏切れば、信用の喪失です。あなたが犯罪の被害者だったり、身体的な危害を受けたりしたら、安全の喪失です。自分が犯した過ちを自ら許さねばならないときは、自尊心を喪失するのです。

癒やしの段階については著書が多数あります。もっとも一般に認められているモデルは、エリザベス・キューブラー＝ロスが構築したものです。キューブラー＝ロスは愛する人の死に対する嘆きについて研究しました。しかしキューブラー＝ロスとほかの精神科医は、喪失感がどんなものであろうと、ほとんどの人々は一般に、嘆きの五つの基本的な段階を経るということを発見しました。五段階とは、ショックと否認、怒り、取引、抑鬱《うつ》、受容の五つです。

その人がどのような対処方法や支援システムを利用するかによって、人はこれらの段階をさっさと、あるいはゆっくりとたどります。人は必ずしも順番通り、一定の速さで進むわけでありません。一歩前進するときもあれば、二歩後退するときもあります。段階を五つ経験しない人もいます。あなたが悲しみを体験しているときや癒やしのプロセスをたどっているときには我慢が大切なのです。さらに、この時期のあなたを支えてくれる頼みの綱を求めることも大切です。精神科医などの医師、支援グループ、支えてくれる家族や友達、信仰、そのほか何でも、あなたによい効果を与える対処メカニズムを求めることです。

著書『Forgive Your Parents, Heal Yourself（両親を許しましょう、自分を癒やしましょう：仮題）』の中で、バリー・グロスコフ博士はあなたの痛みを見守ってくれる支援グループへの参加を呼びかけています。グロスコフ博士はこう述べています。

『支援グループはさらけ出すことのできる安全な場所を提供してくれます。なぜなら支援グループのメンバーは皆共通の体験をしているからです。彼らは互いの経験を理解し、比較し、対比することができます。互いが仲間うちでどう感じているかも理解することができるのです。それによって、グループに参加する前に味わっていた孤立という足かせから解放されるのです。それぞれのメンバーたちがほかのメンバーに癒やしを与えて、それぞれが互いの癒やし手となるのです。心のうちをどの程度打ち明けるかに応じて、ほかの人たちからの慰めを得ることができます。このような集いに参加する行為こそ、孤立から集団への復帰なのです』

この癒やしというテーマに関する私の愛読書の一冊は、メルバ・コルグローブ博士、ハロルド・H・ブルームフィールド医学博士、ピーター・マクウィリアムズによるベストセラーの名著、『ロストラブサバイバルブック――愛するなにか、をなくしたあとに（How to Survive the Loss of a Love）』（ヴォイス社、一九九四年）です。この本の左ページでは精神科医のブルームフィールド博士と心理学者のコルグローブ博士があなたに嘆きと癒やしのプロセスを一歩一歩たどらせてくれ、右ページでは、ピーター・マクウィリアムズが一つ一つの癒やしのプロセスをたどるあなたを慰めてくれるすばらしい詩を提供してくれています。役立つ知識と、うちに抱く感情を表現するすばらしい詩をセットにすることで、三人の著者は、あらゆる読者に強力な贈り物をしてきました。この名著の初版は一九七六年ですが、定期的に改訂版が出されています。私は、喪失を味わった人々に数えきれないほどこの本を贈ってきました。それに私自身、ごく若い頃にだめになったもう一つのロマンスの喪失を嘆き、何度この本を読み返したかわからないほどです。今日でも、当時と変わらず時代に即した役に立つ本だと思います。

コルグローブ博士とブルームフィールド博士はこの本で癒やしの賢明なアドバイスを提供してくれるだけではなく、喪失は生きている者の自然の摂理だとみなしています。つまり喪失さえ宇宙の法則によって支配されているということになります。著者はこう言っています。

『本来、喪失は創造に欠くことのできない要素なのです。バラが咲き、つぼみが失われる。植物が芽吹き、種が失われる。一日が始まり、夜は去る。すべての場合において、喪失が、さらなる創造（もっと正確に言うと再創造）のための舞台を作るのです。人生においても同じです。人生を振り返っても、喪失を伴わない進歩を見出すのは難しいでしょう』

喪失が人生に必要不可欠な要素だと理解すれば、物事を大局的に見ることができますが、だからといって、喪失に必ずつきまとう苦痛がなくなるわけではありません。ですから私たちは皆、喪失から癒やされるための方法や、私たちを助けてくれる環境の整った支援システムや集まりを必要とするのです。しかし、人間関係において生じる喪失に関しては、最悪の人間関係においてさえ、学びや進歩があると知ることが助けとなるのです。たとえたった一つ学んだことが、連れ合いや、友や、上司に何を望まないかということだったとしても、です。

　許しのテクニックは癒やしに用いることができる大事な方法です。このテクニックを用いるからといって癒やしのプロセスに必要なプロセスを踏まなくてもいいというわけではありませんが、許しのテクニックを用いれば、多くの人が癒やしのプロセスをもっと簡単に、もっと早く進められるようになるでしょう。癒やしの期間中は許しの宣言を何度も言い続けてよいのです。そのうちに喪失に伴う激しい感情は穏やかになっていくでしょう。これはあなたが起きた事実を忘れるということではなく、許し、鬱《うっ》積したエネルギーを解放したことを知って、ふたたび人生を前に向かって進んでいけるということなのです。このプロセスは受容、つまり癒やしのプロセスの最後のものへとつながります。この段階にたどりつけば、許せない人について考えても、もはや悪感情を抱かないと多くの人が語っています。解放され、心穏やかだと感じる人もいれば、相手やその出来事に関してもはやなんとも思わないと言う人もいます。

　私の講座のある参加者は、自分には数年にわたって仕事や私生活を邪魔してきた敵がいるのだと言いました。彼は最初、自分の人生をみじめにしたその人たちを許すのにためらいがあると言いました。けれども彼は、仕事の状況の改善と、さらなる増収を望んでいたので、その目標を実現するために何か前向きなことをやってみようという気になったのです。敵を許したあと、彼は完全に落ち着いて平穏でいられるようになったそうです。許しのテクニックを用い、許しの宣言を繰り返したら、瞬く間に自分の敵がいなくなったので本当に驚いたと彼は言いました。彼らはもう接触してこないばかりか、彼の人生からいなくなってしまったのです。彼は私に、この方法がどうしてこんなに早々と効果が出せるのか説明してほしいと言いました。そこで私は、彼が宣言を通じて言葉の持つパワーを用い、心から敵を許し、穏やかさと平安を強く感じたとき、いくつかのことがすぐさま起きたのだと説明しました。エネルギーレベルでは、私たちは電磁石のような存在です。エネルギーの電流が心臓の鼓動一つ一つを起こしているのです。私たちの脳は、私たちが考え、一連の行動をするたびに、あるいは感情や感動を体験するたびに、電気活動によって、光が灯るのです。部屋いっぱいの音叉がいっせいに一つの同じエネルギー音と共鳴するように、私たちも同様に自分と同じレベルで振動する人々を私たちの人生に引き寄せるのです。前述したように、私たちが自分の過去を許すと、私たちは自分を押しとどめていたエネルギーを解き放ち、振動レベルを上げるのです。周囲の人々は振動レベルを私たちに合わせて上げるか、そばにいても居心地が悪いので離れていくかもしれません。振動レベルが高く、私たちの振動レベルに一致した人々が私たちの人生に登場してくるでしょう。なぜ私の講座の参加者の敵が、彼が許したとたんいなくなってしまったのかもこれで説明がつきます。彼らはもはや彼のエネルギーの振動レベルと合わなくなってしまったのです。私たちの振動レベルがいつも高いままというわけではありません。高レベルに保つためには、許して前向きな経験を積んで毎日努力しなければならないのです。

もしこの話が、わけのわからないたわ言に聞こえると思うなら、振り返って、あなたの人生をじっくり考えてみてください。過去をよく調べてみれば、あなたはきっとこんな例をたくさん発見するに違いありません。たとえば、何かとてもすばらしいこと、一流大学への入学、引く手あまたの職への就職、昇進、新規事業への着手、新しい相手や配偶者との出会い、あるいは赤ん坊の誕生といったできごとが起きたときのことを思い出してください。どういう心地がしたか覚えていますか？　幸せすぎて、雲の上を歩いている気分だったかもしれませんね。あなたの成功に対して、まわりの人たちはどう反応しましたか？　友達の誰かは、そのあとあなたのそばを離れていきましたか？　もしそうなら、当時のあなたはそれを誰のせいだと思いましたか？　友達づきあいを続けるにはもう忙しくなりすぎたから、と無視しましたか？　あるいはほかに気を取られることがあった？　もしかしたらあなたは、友達が嫉妬したと思ったかもしれませんね。新しい前向きな変化によってあなたの興味の中心が変わったのは事実ですが、このことを考えてみてください。あなたが進歩を遂げたとき、あなたの振動レベルは上がりました。今までよりエネルギッシュでワクワクしているかもしれません。このレベルに合わせられない友達は皆、あなたのそばにいてももはや心地よく思えず、さっさと立ち去るか、消え去ってしまうのです。時がたてば、あなたの人生にあなたの興奮や新しい関心を共有してくれる新しい友達が現れたことに気づくかもしれません。

さらに将来、あなたの振動レベルが上がったあと、古い友達のうちの幾人かとはつき合ってももはや居心地のよさを感じなくなったことに気づくかもしれません。こういう言い方をする人もいます。「私たちはもう反りが合わないようだ」的を射た言い方です。このような状況になれば、人の振動レベルはもはや噛《か》み合わないので、「あの人とは気が合わない」と感じてしまうのです。もしあなたがそんな状況にあるのなら、あなたはその人とのつき合いがもはやこれまでのように楽しめないと気づくかもしれません。こんな状態に陥った人の多くは困惑して頭をかきむしります。何が起きたのかをなかなか見極めることができません。古い友情を失って嘆く人も多いでしょう。私は、すべての喪失はしかたのないことなのだから、きちんと悲しむようにと勧めていますし、あなたが癒やされるよう支えるつもりです。けれども古い友情を失ったのはなぜかという背後にある理由を知れば、受け入れるのがもっと楽になるかもしれません。

この現象は、あなたの振動レベルが下がったり、あるいは減退したりしたときにも当てはまります。あなたは人生で、自尊心をほとんど失い、困窮し、役立たずだと感じ、鬱《うつ》屈した状態にあるような苦しい時期を経験したことがありますか？　さらに悪いことに、あなたの大事な人があなたの親友と不貞を働いていたことに気づくということもあるかもしれません。職場の誰もがあなたをいじめ、否定的な雰囲気にあふれていて、その大部分があなたに向けられているのに気づきます。親戚は貧乏で、絶えず金銭や頼みごとを無心してきます。ほかの人は全員太陽の光を浴びているのに、自分は頭上に雨雲をいただきながら歩き回る漫画の登場人物みたいに感じます。あなたの人生はカントリー・ミュージックにありがちな人生よりも悲惨なのです！　カントリー・ミュージックを逆回転で流せば、あなたの妻も、犬も、家も、戻ってくるという笑い話があります。カントリー・ミュージックの名曲中の人物のように、何が悪かったのだろうとあなたは思いめぐらします。答は簡単です。あなたはとても低いレベルで振動していたので、自分の人生に、低い振動の状況を引き寄せていたのです。ではこの状況をどうやって逆転させればよいのでしょう？　あなたの人生となってしまった悲惨な内容のカントリー・ミュージックをどうやって逆回転させればよいのでしょう？　あなたの人生を変えるには、振動レベルを上げなくてはなりません。許しのテクニックを用いるのはこのプロセスを始めるよい機会です。また四章で述べたように、厄介な人間関係に対処するためには三段階の許しのテクニックも用いることができます。あなたのまわりの人々がどれほどすばやくあなたの発するエネルギーの変化に反応するかに、きっとあなたは驚くでしょう。

怒りと許し……両立できるか？

たびたび受けるもう一つの質問は、「ある人と暮らしているのですが、その人の行動に腹が立ってしかたがない場合はどうなりますか？」というものです。ここでも私のお勧めは四章の「厄介な人間関係によい影響をもたらす許しの用い方――三段階の許しのテクニック」で説明したテクニックを用いることなのです。このテクニックを用いたあと、その関係がどうなるかについては、私はお約束できません。指導した人たちの六〇％が、関係が好転したと報告してくれ、また四〇％の人たちは大事な人との距離がさらに遠のいたと報告してきました。けれども断言できますが、このテクニックを数週間続けるとあなたのエネルギーは変化するので、許しの対象は近くなるか遠くなるかするでしょう。もし彼らがいなくなってしまっても、少なくともあなたの準備ができたとき、次にどう行動すればよいかということを教えてくれるでしょう。覚えていてください、あなたは常に運転席に座っているのです。つまりあなた自身の準備が整うまで、出発する必要はないということなのです。

マーサは「引き寄せの法則」講座に長期間通った別の受講生の紹介で、個人レッスンに参加しました。マーサはまさにカントリー・ミュージックに出てくる人生を地で行くような人でした。マーサはパッツィー・クラインの曲をよく聴くと言っていました。パッツィー・クラインは一九六〇年代のカントリー・ミュージックの歌手で、誠実とは言えない男に対する愛を心と魂を込めて歌い上げていました。マーサは夫の結婚生活に対する忠誠を疑っていました。マーサは物悲しそうで、気落ちして見えました。また椅子にうなだれて座り、話すときに人の目を見て話すのが難しそうでした。彼女は、自分たちの結婚生活は、従来の夫と妻という役割を果たしながら長く続いてきたと語りました。マーサは、自分は夫を大変愛しており、理解され、大切に思われ、いつくしまれることを願っているのだと言いました。彼女の願いは、結婚生活が幸せで、うまくいっていると感じたいというものでした。マーサは何年間も、自分は皆の求めに応じてきたのに、自分の要求はないがしろにされていると感じてきたのです。四章で述べた三段階の許しのテクニックを用いることにマーサは乗り気でした。彼女は自分でも驚いたことに、半世紀近く変わらなかった男の行動を大きく変えることができたのです。マーサと何度か個人レッスンを行ない、夫のビルとも一度一緒にレッスンを行なったあと、マーサから次のようなメールを受け取りました。ビルが態度を改めて、四二年間の結婚生活で見たことがないような行動を取り始めたというのです。

ビルには今でも驚かされます。昨日ビルは、わたしがモップをかけたばかりの床の上を歩き、ちょっと汚して

しまいました。そうしたら彼はちゃんと謝りました。週末にビルのために新しいシャツを買いました。ビルは今日仕事にその服を着ていき、今朝電話をかけてきて、わたしにお礼を言ったのです。ほかの人にとってはたいしたことではないかもしれませんけれど、わたしにとっては、「たいしたこと」なのです。ビルはこれまで四二年の結婚生活で、心遣いなど見せたことなどなかったのですから。彼はわたしの職場の話に耳を傾け、「どうしようもないことなら俺は聞きたくないね」などとは一言も言いませんでした。ビルはあなたの言葉が心にしみ通ったに違いありません。わたしは「生まれ変わったビル」と過ごす今後を楽しみにしています。

感謝しきれないくらいの感謝を込めて
マーサ

私は一カ月に一度、マーサとの個人レッスンを続けました。レッスンを何度か続けると、マーサの表情がすっかり変化しました。コーヒー店で会うことになっていたとき、彼女が座っているテーブルのすぐそばを通り過ぎたのですが、彼女だとは全然気づきませんでした。マーサは大きな笑みを浮かべ、背筋を伸ばして椅子に座っていました。顔をほんのり紅潮させています。私は指導した人たちがこのような変化を見せてくれるのが大好きです。彼らが許し、私が提案した方法を用いれば、皆、人が違って見えるのです。『美女と野獣』のシーンがよみがえります。悪の呪文が破られると、暗くて黒く陰気な城が、突然光に洗い流されます。輝かしい色が現れ、小鳥がさえずり、城は美しくて鮮やかになるのです。

マーサの顔つきは今や美しく、輝いていました。内面の自信を強めていて、それがにじみ出ていました。会話のあいだじゅう笑顔を見せ、目を合わせるのもためらったりしませんでした。私は彼女のあまりの変わりように驚きました。

マーサの夫が急に美しい王子様に変身し、二人は末永く幸せに暮らしましたというような話ではありません。中国の古い格言に「恍惚のあとの日常」というものがあります。ハリウッドの困ったところは、王子様と王女様がキスをし、一緒にいようと決めた瞬間の「恍惚」を見せるけれども、「日常」、つまり良好な人間関係を生み出す一生にわたる仕事を見せないところです。このケースは、マーサが人生をよりよくするために用いることができる方法を手にし、その方法を用いるための知識と自信をものにしたということを意味しているのです。マーサはどんどん進歩し続け、同時に現実の人生を体験し続けたのです。たとえば数カ月後、マーサの父親が亡くなりました。マーサは父親の闘病中、長年中心になって介護してきました。彼女は介護者の役目がなくなってしまった喪失感に対してだけではなく、父親の死去にも腹立ち、ひどく落胆しました。けれども彼女は今、体験した悲しみや怒りや喪失に対処できる方法を手にしました。この戦術を用いることで、マーサは絶望に陥らずにすんだのです。

癒やしのプロセスに取り組むときには、怒りとはどういうものかを理解し、その怒りを解放する大切さを理解することが大切です。作家のゲーリー・ズーカフはこう述べています。「……怒りには苦痛が根づいている。苦痛には恐怖が根づいている」ゲーリーは、私たちは苦痛に対抗するために怒りを用いると信じています。ゲーリーによれば、私たちは世の中や人生、またそうあってほしくないほかの人々に対抗するために怒りを用いるそうです。ゲーリーはこう続けています。

『激怒は無力感によって起きるつらい体験です。激怒のあまり食ってかかるのは、無力感からの行為です。復讐を達成し、有罪を証明するのは、絶望と無力感の表れです。自分より大きな動物を攻撃する小動物のように、あなたは望みを捨てているのです。今抱いている感情を味わう以外にやるべきことはもう何も残っていません。立腹や、激怒、復讐心にかられてふるまうのがあなたに残された最後の方策なのです。しかしそれらの方法はまったく役に立ちません。世の中はあなたの思うようにはなりませんし、痛みが小さくなることもありません。かわりにあなたの怒りが増大するのです』

ゲーリーは、怒りの表面下にもぐりこみ、なぜ自分が苦しんでいるのかを見つけるべきだと信じています。許しと癒やしを通じて苦痛に取り組めば、あなたの人生は変わり始めるのです。

ロバート・エンライト博士は資格を持つ精神分析医で、マディソンにあるウィスコンシン大学で心理学の教授をつとめている人物ですが、彼はアメリカで初めて、科学で立証された許しのプログラムを作成したと述べています。エンライト博士の著書『許しの選択――怒りから解放されるために（Forgiveness Is a Choice: A Step-by-Step Process for Resolving Anger and Restoring Hope）』（河出書房新社、二〇〇七年）で博士は、許しの指針として四つの段階を掲げています。第一段階では、許すと決意する第二段階に移る前に、許す人は怒りの出所を究明する必要があると信じています。博士は怒りや許しの研究に基づいた解決を試みているのです。第三段階と第四段階は、あなたが許す人への理解を深め、また許しのプロセスがいかにあなたを変化させたか、また将来どれほど変化させるかに気づく内容となっています。

エンライト博士の著書によると、博士は、数人の研究者が許しと怒りの関係について研究しているのを発見したそうです。イシドロス・サリノポウラスは研究者で、四〇〇名の人々に、許しと怒りのアンケートの回答を求めました。彼の研究によると、自分を深く傷つけた相手を許せば許すほど、次第に怒りを感じなくなったそうですが、これは当然のことです。また自分を深く傷つけた家族を許す人々は、許さない人々に比べて（医者に診断される）心臓病にかかる割合が低いということもわかりました。クリスティ・アシュルマンとゲイル・リードは離婚した男女を研究しました。大学院生のアシュルマンの研究では、三〇名の離婚女性を調査し、元夫を許す女性は、幸福感が高く、心配事も少なく、意気消沈している割合も低いとわかりました。リードは、元の配偶者が不貞を働いた男女について調査しました。彼女もアシュルマンと同じような結果を発見しました。相手を許していて自分の苦痛には意味があるのだと気づいた人々は、許さない人々に比べるとずっと幸福で、落ち込む不安のレベルも低いのです。

ほかの人の科学的研究を調べ、また自身の許しに関する研究を行なううちに、エンライトは、こう結論づけました。「誰かが激怒しているとき、許しはその人にとって有効な解決方法となりうる」

感謝しましょう

ひどいことをされた相手に対する激怒にあなたがいまだに振り回されているなら、許しのテクニックを使うのに加え、座って、感謝の一覧表を書くことが助けとなるでしょう。毎日、あなたの人生の三つから五つのことについて紙に書き出すか唱えるかして感謝するのです。私は一年間、感謝日誌をつけました。感謝する三つのことを毎日記入するのです。そのおかげで私の外見は、すばらしく変わりました。もし日誌をつけたくなければ、頭の中で感謝のリストを暗唱しましょう。私は腹が立ったり、意気消沈したり、自分がかわいそうに思えるときはいつも、感謝のリストを唱えます。感謝のプロセスに取り組めば、あなたは、自分がとても幸運な人だとわかるでしょう。

あなたは作家であり、プロデューサーであり、監督
実生活をハリウッド映画化する際の配役を決めるエージェント

あなたはハリウッドの住人ではないかもしれませんが、自分の実生活が、長編映画や舞台やホームドラマ、コメディ、あるいはコメディ専門チャンネル、コメディ・セントラルで作られたばかりのバラエティーになるところを想像できるなら、人生にどうやってドラマを創造すればよいかをすぐに理解できるでしょう。「引き寄せの法則」によれば、人生で味わうことは全部、よきにつけ悪しきにつけ、思考、感情、祈り、行為、無為や魂の決断を通じて自分が引き寄せるのです。あなたが人生における現在の状況で主役の座にいるのはひどい子ども時代を送ったせいではないし、神や宇宙のせいでもなければ、元配偶者や元

恋人のせいでもないのです。映画『オズの魔法使い』に登場する魔法使いを装った男のように、あなたはカーテンの背後でレバーを引いたりボタンを押したりして、壮大な現実を次々と創作しているのです。

あなたはこう尋ねるかもしれません。「もし自分で自分の現実を創作しているのなら、なぜこんなに私をイライラさせる人たちが私のドラマに登場してくるの？　私の人生なのに！　なぜ私は自分をイライラさせるためにあの人たちを自分の人生に連れてくるの？」答えは簡単――あなたが彼らにふさわしい役を割り当てたのです。そう、あなたは自分自身にも役を割り当てているのです。

人があなたに魅力を感じ、反応するのは、あなたがその人をどう感じるかに対してではありませんし、ましてやあなたが自分をどう感じるかに対してではありません。あなたが「許しの法則」を実践し始め、今までより高いレベルで振動し始めると、あなたのまわりにいる人々はあなたと同じレベルで振動し始めるか、またはあなたの人生から立ち去り、より高いレベルで振動する新しい人々があなたの人生に登場してくるでしょう。

コリン・ティッピングは作家、世界を股にかける講演者で、講習会の主催者であり、「根本からの許し」のコーチでもあります。ティッピングは著書『Radical Forgiveness: Making Room for the Miracle（根本からの許し――奇跡を起こそう：仮題）』でこう述べています。「癒やしの九〇％は、あなたの魂が愛情を込めてこの状況を作ったという考えを、あなたが進んで認めるときに達成される」

ティッピングは、私たちはよい経験も悪い経験も魂を成長させるために自ら創造していると信じていますし、自分が癒やしを必要としている部分を明らかにするために人生に人々を引き寄せているのだと信じています。ティッピングは、許す人は許す相手に自分の魂が学ぶ必要のあることを示してくれてありがとうと感謝しなさいと勧めます。

ティッピングは、もし私たちが学習したら、それはもう繰り返すことはないと信じています。けれどももし学習できなかった場合は、配役を変えて何度も何度も、同じ筋書きで制作し続けるのです。

ですから、もしあなたが自分のドラマや自作の脚本や自分が振り当てた役者が気に入らないなら、朗報があります。あなたはそれらを変更できるのです。自分の思考や感情、行為、独り言を変え、さらに許しに取り組めば、変えることができるのです。最初の一歩はよく気づくようになること、さらに、あなたが作り出した人生に対する責任を受け入れることです。

ローズマリーは私が最初に行なった「引き寄せの法則」講座の受講者でした。彼女はこんなに多くの夢が実現しないのは自分に責任があるのだとはっと気づいたのです。ローズマリーがこの責任を受け入れ、また「自分自身に取り組み」始めた結果、彼女の夢と願いが実現したのです。初めての「引き寄せの法則」講習から数年後、ローズマリーはこんなメールを送ってきました。

変身を遂げるためのコニーの方法は、最初の講座から一〇〇％私の注意をひきつけました。私は講義からたくさんの戦術を覚えて活用しましたが、あるグループの対談が際立っています。コニーの助けもあって、そのグループは「巨石」という概念について調べました。私たちの人生に、私たちが気づいていないようなエネルギーを妨害する巨石はあるのでしょうか、あるいはもっとありそうで悪いことには、私たちは故意に、自分の目指す幸

福への途上にその巨石を置いたのではないでしょうか？　その質問に私はきっぱり「はい」と答えます。愛に満ちた人間関係や、愛する家族といった私の多くの夢が実現しない責任を自分に押しつけるのは釈然としませんでした。またその時期、仕事もうまくいっていませんでした。自分の人生に一番招き寄せたいことを、邪魔しているのは自分なのだと認めるのがどれほどいたたまれなかったかを覚えています。コニーはグループを、段階を追って優しく導き、全員がその中で変化や成長を遂げるため必要なものを持ち帰りました。

個人としての責任を全うし、自分や過去の人々を許したあと、ローズマリーの生活すべてが一変しました。彼女は終生の伴侶とより満足のいく在宅の仕事を見つけました、また今では二人のかわいい子どもたちのお母さんです。このような変身は自覚で始まり、その後自ら喜んで責任を取り、最後に変わりたいという意志によって遂げられるのです。

六章
職場における「許しの法則」

理想の仕事を見つけるために「許しの法則」を用いる

「引き寄せの法則」講座の参加者の大半は、次の三つの理由のうちの一つを抱えています。収入を増やしたい、人間関係をよくしたい、あるいはもっといい仕事に就きたい。私は「許しの法則」がこの三つすべてに役に立つと知りました。

仕事を求めて私の初めての講習の一つに出席したある女性のことは忘れられません。女性によると、一カ月半に一〇〇通もの履歴書を送ったのに、一度も折り返しの電話がかかってこなかったというのです。「面接に来てくださいという電話が一度もかかってこないのは何が原因だと思う?」と女性に聞いたところ、彼女は「一七年間専業主婦で、特技もない私を、一体誰が雇ってくれるの?」と言いました。彼女の独り言から、妨害や障壁を取り除くことはできるでしょうか? 私はまず、彼女がどんな職種を希望し、どんな人たちと一緒に働きたいかを一覧にして、宣言を書く手伝いをしました。目標が実現してほしい期限はその月の末で、最後の講習と重なっていました。講習は四週連続で続き、各々の講習は二時間でした。次に私は、彼女の障害と否定的な独り言を逆転させた宣言を書くのを手伝いました。最後に、彼女に許しを実践しなさいと教えました。ちょうど二週間後、ほんの四時間の講習が終わったとき、彼女は四カ所から面接の案内の電話がかかってきたと言いました。そして四回目の最後の講習までに、彼女は仕事を見つけたのです。

私が指導した中のまた別の人は、困っている青少年のカウンセラーという仕事を天職として気に入っていましたが、安月給が嫌で、また彼が働いている職場の経営陣に要求される労働時間などが気に入りませんでした。彼は若者たちのカウンセラーとして独立し、労働時間を自分で決め、より高額の収入（彼は自分が望む収入額を書きました）を得るという宣言を、実現の目標日も入れて書きました。数週間のうちに彼が望んだことはすべて実現しました。彼は軍隊の兵士とともに働く民間人として雇用されたのです。またその上、彼は別の契約の仕事にも就いたので、以前に比べ給料が倍以上になりました。言うまでもなく、彼は新しい仕事と今後に、とてもワクワクしています。

私の講座には、人生の情熱や目的ともっと一致した仕事や職を探している参加者が必ず二、三人はいますが、私が指導している中の一人が電話で、仕事を探している人のための特別な講座を開いて下さいませんかと頼んできたのはこの年でした。景気の沈滞から、何十万ものアメリカ人が職を求めています。私は「引き寄せの法則と許しの法則を、就職と仕事の向上のために用いる」と名づけた講座を開発しました。

就職支援グループが私の住む郡にいくつかできていましたので、このうちのいくつかで講習をしたところ、非常によい結果を得ることができました。失業している人々は不安で、イライラし、やきもきしているると語ります。彼らは「何千人の講座の参加者や指導を受けた人々や読者によって効き目があると証明された方法を与えてくれてありがとう」と私に礼を言います。これらの方法によって、彼らはふたたび人生の運転席に戻ることができ、自分の状況を自分で管理できると強く感じることができるのです。

最近、私の就職講座に出席した参加者の一人を見かけたのですが、彼女はそのとき、「引き寄せの法則と許しの法則を用いて理想的でロマンチックな伴侶を見つける」という私が開いた別の講座に出席していました。許しのテクニックはとてもよく効いたので、とてもびっくりしてしまったと彼女は語りました。彼女がリストアップした許す相手に許しを実践し始めたところ、すぐに電話がかかってきたり、お金やよいチャンスを受け取ったりしたそうです。彼女は独身者向けの講座に参加しましたが、そのあいだずっと驚愕と畏敬の表情を浮かべて、自分の人生に早々と降りかかってきた幸運すべてが信じられないとでもいうように、口をポカンと開けていました。

これらは、私が教える「許しの法則」の実践を含めたテクニックを用いて、いかに人々が仕事上の目標を達成し、収入増を実現したかについての無数の物語のほんの二、三にすぎません。彼らは他人や自分を許すことによって、あらゆる機会を逃さないようになったのです。

あなたは雇用される

私がロバータに出会ったとき、ロバータは一人きりで幼い息子を抱えて奮闘するシングルマザーでした。彼女はおおいに怒りを溜めていました。一年前に解雇された会社に対して、面接を受けたのに雇用されなかったいくつかの会社に対して、仕事を見つけられない自分に対して。でも何にもまして、自分の過去に腹を立てていました。今の状況はその過去のせいだと思っていたからです。

「引き寄せの法則」講座を受講したロバータは、前に進みたいのなら許しが必要であること、怒りを解き放たなければいけないことを学びました。過去の人々を許せば、熱望している仕事を得やすくなると気づいたロバータは、許しに非常に乗り気になりました。

彼女は自分の目標をきちんと言葉にし、許しのテクニックをやり遂げられるように私との個別レッスンを希望しました。私たちは一時間一緒に作業を行ないましたが、その翌日、ロバータはすごい知らせをメールしてきました。

私、仕事を見つけたわ。昨夜は実行する前に寝てしまったので、今朝、あなたに教わった通りにやってみたんです。今日正確なお給料の額を電話で連絡してくれることになってるけど、会社の人が、前のお給料以上よ、と言ってくれました。経営者の人たちが会議中だったので、お給料については打ち合わせしなくてはいけないんで

すって。それと、私は一週間内に仕事を始めることになりそう。私のコンピュータや、電話なんかを用意しなければならないからですって。

今日はあなたにお礼が言いたくて。講座に参加させてくれ、時間を割いてくれ、知恵を分けてくれ、あなたのような人でいてくれて、本当にありがとう。だってもしあなたが少しでも否定的な人だったら、私はきっとついていかなかったと思う。娘時代、私は無口な子だったって話したの、覚えてる？　でも見て、今は、こんなに話好き。だからあなたのことをほかの人にも教えて、あなたのことを紹介すると誓うわ。これでやっと心構えのクラスを受講しに戻れます。今後のために絶対に忘れないわ。昨夜、あなたのレッスンを受けて帰宅したあと、私がどんなことをしたかわからないでしょうね。私はとても興奮してしまって、そこら中踊り回ったり、歌いまくったりしたわ。あなたにはそうさせるところがあります。レッスン中もあなたは私にそんな効果を及ぼしたわ。これからも、今の仕事を続けてください。だってすごく効き目があるんだもの。改めてありがとう、コニー、深夜に時間を取ってレッスンしてくれ、私の夢の一つを実現させる手伝いをしてくれて！

ロバータは、「引き寄せの法則」と「許しの法則」を毎日用いることで、生きていく上でのどんな障害も克服する方法を手に入れたのだと言いました。ロバータは、自分と息子のため、よりよい未来を築く道を、着々と歩んでいます。

許しは昇進や昇格への道

ケアリーは同じ会社で六年間働き続け、頭打ちを意識し始めていました。何年ものあいだに同僚が幾人も昇進していくのを見守りましたが、自分は相変わらず同じ職場で、同じ仕事を続けていました。ケアリーは上司が自分のことを不当に見落としていると感じ、上司に並々ならない憤りを覚えました。また彼は、同僚の一人に非常に腹を立てていました。管理職に昇進するまで彼のチームのメンバーだったメリンダが、チームがまとめたアイデアを盗み、自分の企画として提出したと思い込んでいたのです。その企画はチームの努力の賜物なのに、メリンダが自発的に主導権を取り、功績を独り占めにしてしまったように見えました。

「引き寄せの法則」講座に出席したケアリーは不満を口にしました。自分がどんなに頑張っても、仕事で成功できないように思える、と。けれどもケアリーの状況について話し合っていくうち、ケアリーは自分にふさわしい成功を妨害する否定的な感情に気づきました。進んで「許しの法則」を試みることにしたケアリーは、私の勧めたことをすべて、つまり厄介な人間関係に対処するテクニック、「許しの法則、引き寄せの法則」の行動計画を行ないました。ケアリーは感謝日誌まで書いたのです。

私にとっては驚きでも何でもありませんでしたが、ケアリーが驚いたことに、数週間のうちに、彼は新設の地位に昇進しました。新しい仕事では、ケアリーの強みが役に立ちましたし、自分の成長にも、職業人としての成長にも、さまざまな機会が約束され、何よりもよいことに、給料がかなり上がりました。

許しを実践すれば、仕事の能率が上がる

フリーライターとしてのゲイルの収入は、ゲイルの原稿を買い取ってくれる雑誌社によりました。けれども最近では、なかなかよいアイデアを思いつけなくなっていました。形になりそうなアイデアを思いついたときでも、どういうわけか書くのに延々と時間がかかるのです。これってスランプかしら？　ゲイルは、どうか違いますようにと願いました。収入を確保し続けるため、創造力が常に湧くようにする必要がありました。

ゲイルが私の「引き寄せの法則」講座の一つに出席したとき、彼女は、マンションを購入する、新車を買う、頼れるしっかりとした相手を見つけるという三つの目標を挙げました。ゲイルは二年前に夫が不貞を働いたときに離婚していました。ゲイルは、自分が今こんな状態にあるのは、彼のせいだと言いました。元夫は扶養手当の支払いがいつも遅いので、ゲイルが住めるのは小さな賃貸しのアパートだったのです。彼女は一〇年落ちの車に乗っていましたが、いつも故障ばかりしていて、信頼できませんでした。

ある日の講座が終わったあと、私はゲイルとおしゃべりし、事態はどうなったかと尋ねました。ゲイルはくじけそうだと答えました。彼女は何度かデートしていましたが、相手は皆「負け犬」だし、仕事も、かろうじて家賃を払えるくらいしか書けない。どうやったら車を買う余裕ができるかわからないのに、マ

ンションなんてとてもとても、というのです。ゲイルは会話中、絶えず元夫のことを持ち出し、彼がどんなに自分の人生を「全部めちゃくちゃに」してしまったかを口にしました。

私はゲイルに「許しの法則」を思い出させ、元夫への怒りを解放するため、「許しの法則」と「引き寄せの法則」の行動計画をしてみたらと促しました。彼女は元夫を許せるかどうか自信はありませんでしたが、やってみますと言いました。ゲイルにとって、長い、長い道のりでしたが、講座が終わったとき、ゲイルは元夫を許せるように怒りと戦っていきますと言ってくれました。

講座が終わって二カ月たった頃、ゲイルからこんなメールをもらいました。

とうとうやれました！　元夫を許せたし、長らく溜め込んだ怒りや憤りを全部解放したわ。すごくさっぱりした！　胸の巨大な重しがなくなったみたい。

何よりよかったのは、許したら、「スランプ」がなくなった気がするってこと。私は書きまくって、一週間に記事を三本売りました。おまけに、信じられますか、出版社の編集者が私の記事の一つを読んで連絡してきたんです。単行本にしたいんですって！　思ってもみなかったことです！

ああ、それと私、新人作家グループで、とってもすてきな男性に出会いました。どうなるかわからないけど、とてもすてきな人で、私は大好き。

「許しの法則」を教えてくれてありがとう。おかげで私の人生は本当に変わりました！

厄介な人たちと働く：上司や同僚を許す

一つの場所で一日に八時間以上働いている人は、家族とともに過ごすより長い時間を上司や同僚と一緒に過ごしていることになります。それゆえ、職場の人たちと円満な人間関係を楽しむことがとても大事になります。仕事仲間のあいだで内輪もめや不協和音が起きては仕事生活がみじめになります。こういった不毛な環境は、健康や幸せや能率に悪影響を及ぼします。しかし許しのテクニックは驚くべき成果を見せて、労働環境を劣悪なものから良好なものに変えることができるのです。

エイミーは非常に厄介な環境で働いていました。上司はエイミーの気持をくみ取らず、エイミーの見解に耳を傾けようとしないのです。二人は絶えず反発し合っていたので、エイミーは退職してよそに再就職するしかないと決意していました。彼女はとても気落ちしていました。というのは、長い間求めてきた職でしたし、仕事に満足していたからです。上司とのあいだに絶えず緊張感があることだけが楽しめなかったのです。

私の講座の一つに参加し、許しのテクニックを用いて、上司との関係を変えることができるかもしれないと知ったエイミーはとてもホッとしました。私はエイミーに、第四章で述べた三段階の許しのテクニックを使ってみたら、と言いました。彼女は上司に対する許しの宣言を行なうのに加え、上司との関係がどうなってほしいかという宣言も書きました。エイミーはまた、上司の高次の存在と魂と魂の会話をしました。

一週間後、ふたたび講座に参加したとき、エイミーは上司との関係が全面的に一変してしまったことに驚いていました。上司が二人の相違点を解消するために話し合おうと、初めて言ってきたのです。話し合いはとても生産的で、不和のほとんどは、意思の疎通不足や誤解が原因だったのだという結論に至りました。エイミーは、上司を許したあとは、一トンの重荷を肩から下ろしたように感じているそうです。今の彼女は大好きな仕事を続けることを楽しみにしています。彼女はついに自分の正当性を認められ、理解されたと感じています。

私が指導した中の一人、レオンは、厄介な二人の同僚に対して許しのテクニックを用いました。彼はこの二人といざこざを抱えていたのです。翌週、そのうちの一人がレオンにメールをよこし、もう一人はわざわざレオンの事務所に立ち寄って、誤解を解こうと言ってきたので、彼はとても驚きました。自分は二人のところに出かけていないのに、相手がやってきたのです！

レオンが言うには、今では職場の同僚にストレスを感じると、もっとリラックスし、自分が主導権を握っているんだと感じられるように許しのテクニックを用いるそうです。

事業の成長に許しのテクニックを用いる

多くの起業家が許しのテクニックを用いて、売上倍増に成功しています。コーチやカウンセラーは顧客が早々と結果を出せるようにこのテクニックを用います。口コミを利用したビジネスを行なっている人は、仕事が下り坂になってくると、許しのテクニックを用います。人々は、自分が扱う、売り込みたい製品について何度も熱く語りますが、許しの欠如という個人的な問題が彼らの足をすくっているのです。許しのテクニックはエネルギーを動かし、これまで目にしたどんな商法よりも早く商品を回転させるのです。

■起業家のための許しのテクニック

トムは、私が起業に関心のある人々のために開講した講座、「起業家向け：ビジネスを豊かなものに」に出席しました。許しのテクニックを含む講座の演習に携わったあと、講座が終わって一時間半も経たないうちに電話を受けたトムはびっくりしました。とくに驚いたのは、公式に仕事を始めていないのにもかかわらず、初めての顧客が電話をかけてきたことでした。

今日の夕方、講習を終えて一時間半も経たないうちに僕の電話が鳴りました。先方の女性は、インターネットで僕のウェブサイトを見つけたそうで、僕の仕事の内容について尋ね、一〇日ほどのうちに僕の仕事が彼女の会社にどれくらい利益になるか、話し合いたいから会えないかと言ってきたのです（本当に僕は笑い転げてしまいそうでした。こんなことが起きるとは信じられなかったもので）。僕はびっくりしました。

僕の事業の成長のために思いもしなかったテクニックを教えてくださってありがとう。

トム

モナは高級婦人用フォーマルウェアのブティックの店主です。モナは起業家講座に出席する前も許しのテクニックを用いていました。夫は亡くなっていて、夫の親戚にモナの財産を狙う者がいました。モナはとても心配していて、店はその影響を受け、傾いていました。「店であなたのウェブサイトの許しの記事を読んでいたんです」とモナは語り始めました。顧客が店に入ってきたとき、彼女は夫の親戚に対して許しの宣言を実践しているところでした。普段モナは一人一人の顧客に対してたっぷりと時間をかけ、顧客にぴったりの衣装を見つけ、注文に応じて注意深く仕立てます。そのときモナは、顧客が店にいるにもかかわらず、自分がコンピュータに向かって五分間も許しの宣言に取り組んでいたことに不意に気づきました。彼女は顧客に詫び、すぐ参ります、お好きなだけご相談に応じます、と言いました。顧客は微笑み、ちょうど探していた物が見つかったからと答えました。顧客がこれほど短時間で決めることはそれ自体奇跡的なことですし、ましてや女性客ではほとんどないことです。顧客は自分で選んだドレスを購入しました。デザイナーのオリジナルで、高価な値札がついていました。モナは、これほど早く売れたのは許しの実践のおかげだと心から信じています。私はモナに、あなたは許しのテクニックを用いて効き目がもっとも短時間で表れた記録保持者よと告げました。たった五分という記録です。

顧客を支えるために許しのテクニックを用いる：コーチ、カウンセラー、セラピストや心理学者の皆さんへ

もしあなたがコーチやカウンセラー、セラピストまたは心理学者なら、この一節はとても役に立つでしょう。もしあなたが、これらの専門家の皆さんの指導を受けているなら、その方々に『許しの法則』を一冊、蔵書用としてプレゼントしたいと思うでしょう。

人生や仕事についてのコーチは、事業としてブームになりました。満足し、成功した顧客の多くが、自分が受けたすばらしい成果を証言します。でもコーチという職業は今の時点では規制されていません。だから誰でも簡単に看板を出せる上に、自らコーチと名乗れるのです。それゆえ適切な訓練と優れた判断力が最重要となります。コーチは心理的なカウンセリングではありませんし、それに取ってかわるものでもありません。つまり新しい依頼人に会うときは、判断する過程が必要だということです。もしあなたがコーチで、依頼人の一人が専門家のケアが必要な、感情的あるいは心理的な問題を抱えているなら、ためらわず、信頼できて有能な、総体的な資格を持つ精神科医にすぐに紹介してください。

コーチングは目標の設定と成果に焦点を当てるものです。この本で説明したような厄介な人間関係を処理するために、依頼人に許しの宣言と三段階の許しのテクニックを教えると、目標実現の可能性を大きく高めることができます。加えて私の最初の本、『引き寄せの法則：強力な引き寄せの力を身につけよう』

で教えている目標設定方法は、あなたが依頼人と一緒に戦略的な行動計画を作れるように、一歩一歩のプロセスについて説明しています。あなたの依頼人をこの「引き寄せの法則」と「許しの法則」で指導することで、あなたは依頼人が下記のように変化するさまを目にすることができるはずです。たとえば、人生の夢や目標を早々と実現させるよりよい人間関係を作り上げてそれを保つ、自分の強さや成長しなければいけない分野をさらに理解する、生活と仕事のバランスをうまく取る、一段高い職業または仕事を手にする、などです。

もしあなたが資格を持ったカウンセラーや心理学者やセラピストなどなら、私が教える「許しの法則」と「引き寄せの法則」のテクニックは、あなたの治療におおいに寄与するはずです。これらのテクニックはもともととても総体的で、依頼人を「全体として」見る前提で始まっています。これらの方法は、ふさわしい機会に依頼人と用いると、あなたの治療に、新しい様相を加えることができるでしょう。これはとても前向きな取り組みで、依頼人はとてもよく反応します。この取り組みは、前向きな独り言に力点を置くため、依頼人の思考プロセスの認知再構築におおいに役立ちます。様々な州の何人かのセラピストから聞きましたが、彼らはこれらの方法を、依頼人一人一人と、あるいはグループに使っているそうです。

コーチ（指導）とカウンセリング（助言）の双方に求められる全体的な結果は、依頼人がよりよい幸福や健康を味わえるように改善し、助けることです。つまり、依頼人がもっと豊かな人生を送れるようにすることです。より充実した生活を送ることに、目標や夢が実現することが含まれているのです。

ケイトは「引き寄せの法則」のライフコーチです。ケイトは、私が開講した許しの宣言を用いる二時間の講座に出席しました。ケイトはすぐに自分の指導に許しの宣言を取り込み、依頼人の一人が際立った成果を出す手助けをしました。

（講座に出席した）まさにその次の日、私は、元夫に激怒し、無力感に陥ってしまった依頼人と話しました。依頼人の嘆きのリストは延々と続き、そこには元夫が二年以上にわたって養育費を払ってくれていないという事実も含まれていました。そこで私はすぐにあなたが教えてくれた許しの宣言を思いつきました。私の依頼人は心底怒っていましたから、「あなたの元のご主人を許してみたら？」と口に出すのもためらわれました。でも私は、これはあなたの元のご主人のためじゃないのよと説明しました。依頼人がこれは自分のためだと理解し、私も、あなたの依頼人や受講生が体験したようなびっくりするような成果を彼女に話したので、彼女はやっとやってみると同意しました。そこで私たちは一緒に何度も許しの宣言をし、彼女はそれを書き留めました。彼女には、本当にそう思えるようになるまで、繰り返し続けるよう指示しました。

　次の週、彼女から効果があったという連絡がありました！　元夫が「だしぬけ」に一年分の養育費の小切手と、収支のバランスを保つためのしっかりとした計画を送ってきたのです。言うまでもなく、依頼人は驚いていました。でも私も今や、依頼人の皆さんに提供できる効き目のある方法を手にしたのですごくうれしいです。

ケイトのようなライフコーチやセラピスト、カウンセラーは、許しの宣言を用いることで本当に依頼人たちを助けることができるのです。

七章
「許し」を健康や治癒に用いる

健康と治癒についての私の物語

私が初めて「引き寄せの法則」を研究し始めたとき、私は自分の慢性疾患を治癒するために使える有効な手立てを探しているところでした。かかりつけの医者には「線維筋痛症（fibromyalgia）」だと告げられていました。何年ものあいだ、私は全身の筋肉の痛みに苦しんでいたのです。私に言わせれば、「線維筋痛症（fibromyalgia）」という言葉は症状を説明していますが、本当の診断ではありません。「fibro」は「筋肉」を意味し、「myalgia」は痛みを表します。つまり「線維筋痛症」は単に筋肉痛という意味です。診断と呼べるでしょうか。筋肉痛だということはすでに私にもわかっているのですから。

私の「引き寄せの法則」の目標は、増収でもなければ、もっとよい人間関係でもなく、もっとよい仕事でもありませんでした。私の目標は健康と治癒に関するものでした。正看護師でしたから、誰もが何よりも先に自分の健康を願うものだと思っていました。私は数年にわたって健康増進講座で教えていて、誰もが自分と同じように、健康を獲得し、維持することに関心があるものだと思っていました。驚きです。講座参加者のほとんどが、一番目の目標に増収の実現をあげたのです。そうか、ほとんどの人は臨時所得を必要としていて、健康は二番目なんだわ、と私は思いました。また違っていました。二番目に人気だった目標の分野は人間関係でした。人々は新たなロマンチックな関係か、既存の人間関係の改善を望んでいました。健康はきっと三番目に人気のある目標のはず、と私は思いました。これもまた違っていました。新しい仕事を見つける、昇進する、情熱を持って取り組める新しい仕事を始める、が三番目でした。健康は人々が目標に定める四番目で、しかもそれほど多くありませんでした。結果として、収入を得る、新たなよりよい人間関係を得る、新しい仕事や職をつかむという話ほど、病気が治ったという話はあまり聞いていません。しかし何人かは、私が教えた「引き寄せの法則」を用い、奇跡的な治癒を体験しています。現代の医療では今のところ説明されていない治療法です。

けれども健康や治癒についての宣言を書いた人のほとんど（私自身も含めて）が彼らにぴったりのよい医師にめぐりあったと断言します。ほとんどの人が奇跡的な治癒を遂げたわけではありません。私の物語は、歴史上の然るべきときに私が夢にも思わないようなやり方で明らかになるだろうという点で興味深いものです。

私が「引き寄せの法則」講座を初めて教え始めた二〇〇一年、数カ月も数年間も取り組んできた目標を次々と実現させる参加者たちに私は大変興奮し、びっくりさせられたので、長年戦ってきた線維筋痛と後回しにされてきたほかの症状から解放されることを、治癒の目標にすえることにしました。看護師として、母親として、また介護者として、私は自分のことよりも人を優先的に考える習慣がついてしまっていました。また私はほかの多くの医療の専門家のように、人の介護をするけれども、自分が助けを求めていることは認めようとせず、自分で治すつもりになっているという罠に落ちていたのです。おまけに何年ものあいだに、自分の症状を「気のせい」だと思うようになっていました（これは、一部には私の病気の原因が何なのかを全然正確に診断してくれない様々な医療関係者とのやりとりのせいです）。ですから最初に他人が目標を実現させるのを手伝い、そのあとでリラックスできる時間を見つけて、自らの治癒に当たろうと決めていたのでした。

これらの理由に加え、ほかの問題もあって、私の治癒への歩みは非常に長くなりました。そのうち、人生のほかの分野の目標はすべて実現しました。収入は増え、人間関係は改善され、仕事では出世したという実感がありました。なぜ病気の治癒は進捗がはかばかしくないのかわかりませんでした。ひょっとしたら、決して諦めずに妨害を見つけては消し続けたら、目標は実現するという希望をほかの人々に与えるためなのかもしれません。

私は講座の参加者にこう話します。「私を銅像か何かみたいに台座の上にまつり上げたりしないでちょうだい。私だって、まだ皆さんと同じように、発見と学びと治癒の旅路の途中にいるのですから」と。でも、旅路の途中で発見した驚くべきことをほかの人と分かち合うまでは、目標に「たどり着く」必要はないと思っています。実際、私は私たちが全部の目標を実現するとは思っていません。私たちはいつだって学びと、暮らしと、成長の途上にあるのです。私も講座の参加者から、皆さんが私から学習したのと同じくらい学習してきたのです。

■ 私の怒りの塊を許しで除去

私は自分の許しをほとんどやり遂げたと思っていました。けれども、許しは常に進行中の作業だともわかっていました。私が許しのリストを全部やり終えたと思ったとたん、許すのを忘れていた人を思い出したり、誰かに腹を立てている自分に気づいたりするのです。でもこの本を書き上げるときまで、自分が許しを要する大きな怒りの塊を抱いているとはわかっていませんでした。

私の夫は、私たちが結婚したときにはすばらしい仕事に就いていました。彼は超一流会社のソフトウェアエンジニアでした。仕事を愛し、高い給料を得ており、たびたびかなりの昇給もしました。夫は何年もその会社で働き、定年までそこで働くつもりでした。それなのに、会社の経営陣は従業員を解雇すると突然発表したのです。経営陣は社員に、コンピュータエンジニアリングの仕事はインドへ移転するつもりで、インドではアメリカの給料の半分以下で従業員が雇えるのだと告げました。彼らは厚かましいことに、何名かの従業員をインドから呼び寄せて、会社のために何年間も働いてきたアメリカの従業員に新しい従業員を訓練させると言うのです。

夫は解雇につぐ解雇の中を生き残っていましたが、新たな解雇が発表されるたびに社員の士気は下がっていきました。嫌な予感を抱いた夫は、自ら進んで辞職を申し出、高額の退職金を受け取りました。この頃にはインターネットバブルがはじけており、アメリカにおけるコンピュータ事業は往時のような給料を払わなくなっていました。夫が再就職先を見つけるのに五カ月かかりました。その会社は、解雇される前の会社よりかなり低い給料しか払ってくれませんでした。私たちが住む地域における中産階級の家族が雇用削減に次ぐ雇用削減にあっているのを目にすると、私は本当に激怒し、幻滅しました。私たちはすべて両親の忠告に従っていました。学校では勉学にいそしみ、大学教育を受け、高収入の立派な仕事に就きました。自分の人生は一生安泰だと信じていました。私の両親の世代のように、会社に忠実なら、三〇年後、楽しい引退生活を楽しむはずだと思っていました。でもアメリカで仕事を続ける意味を感じられるものもなく、多くの会社がアメリカの労働者にとって、もはや誠実ではありませんでした。

許しを実践するにあたって過去を振り返ったとき、夫の身に起きたことや、それが家族に与えた衝撃にまだ腹を立てていることに私ははっと思い当たりました。アメリカ経済に何が起きているか、何十万もの人々がいかに職を失ったかを詳しく述べた最近のニュースを見たとき、私は許すときだと悟りました。以前はこんなにも大規模な許しが必要だとはわからなかったのでしょう。特定の人に腹を立てていたわけではなかったのですから。私はあらゆる組織に憤っていました。仕事を海外に移すという夫の元の会社に立腹し、仕事をアメリカ国内にとどめるための策を何も打たない政府にいらだちました。このことが私たち家族に負の衝撃を与えただけではなく、大勢の刻苦勉励する中流のアメリカ人を傷つけたことに頭にきました。

もし本物の健康と治癒という自分の目標を実現させたいなら、遅きに失するよりできるだけ早く許すべきだとわかっていました。私は、マイクが以前勤めていた会社と政府、それにマイクの仕事に起きた事態に責任があると思ったものを全部許し始めました。許したとき、私は莫大な量のエネルギーを動かしたに違いありません。なぜなら、二つのびっくりするようなことが実現したからです。一つ目はマイクに、二つ目は私の治癒に関して、でした。

マイクの仕事を海外に移したかつての経営者を許し、さらに仕事を国内にとどめるための奨励金を会社に対して出さない政府を許すと、その二、三週間後に夫は世界でトップ三〇社に入る、ソフトウェア会社の仕事に就きました。夫は長年にわたってこの会社に就職するのを願っていました。二年間その会社に積極的に求職活動をしていました。この会社が求人を出すと、どんな職種に対しても平均二、三〇〇〇名の応募があります。その会社には毎年ほぼ二万五千名が応募することになります。激烈な競争でした。それにもかかわらず、その会社はマイクを雇用したのです。新しい職場では、海外に仕事が移行されたときに失ってしまった収入をほぼ取り戻すことができました。さらにその会社は、マイクに、きみは間もなく昇進できるだろう、そうすれば元の企業に負けないくらいの給料を受け取るだろうと請け合ってくれました。当然、マイクは大喜びしました。

私もまた、病気の治癒に大きな進展がありました。マイクの元の経営者と政府を許したあとすぐ、マッサージの先生から痛みを取るのが専門のペインクリニックを経営する地元の病院への紹介状をもらいました。流感のように「体中が痛む」症状をその病院の先生に訴えたところ、いくつかの血液検査を指示されました。先生から血液検査の結果をもらったとき、私はすっかり叩きのめされました。先生は、私の体にライム病の抗体が作られていないかどうか調べるためにウェスタンブロット法の血液検査を指示したのだと言い、血液検査の結果、ライム病の陽性反応が出たと言うのです。

私の体に何が起きているのか、三〇年以上もはっきり診断がつきませんでした。前述の通り、「筋肉痛」を意味する線維筋痛症という、症状を示す言葉しか教えられてこなかったのです。やっと診断をつけてくれた先生を見つけました。

ペインクリニックの先生は地元の伝染病医を紹介してくれ、その先生が、ライム病の抗体があると確認してくれました。通常の治療は、一カ月間抗生物質を飲み続けることですが、中には私のように、ライム病の細菌を全滅させるのに一カ月では足りない人もいます。科学者の中にはこれを隠れ感染として知られているものかもしれないと考える人たちがいます。隠れ感染とは、長期間身体に宿る感染症で、突き止めるのが難しく、免疫システムや、細胞や、細胞組織や臓器を大きく損ないかねないものです。ペインクリニックの先生は、抗生物質をさらに増量して治療するのをためらいました。というのは、ほかのペインクリニックの医者たちが、この慢性的な症状を抱えた患者を治療したことで、州医事当局にうるさく言われたことがあったからです。そこで私は統合医療が専門の地元の医者を見つけました。

統合医療とは、従来の西洋医療と生来の治癒力を結びつけたものです。この本を書きながら、数カ月この先生のところに通い続け、少しずつよくなり始めました。けれどもライム病と診断されたことで、私は医療と政治というまったく新しい世界へ乗り出すことができました。私が希望するのは、自分の目標の実現と治癒に至る道筋を通じて、誰にも正確にはわかってもらえない健康問題を抱えて失望の歳月を味わってきたほかの人々を助けることです。肝心な点は、私が心から許したとき、何年も目指していた目標にたどり着いたということです。ですからもしあなたが、心に浮かべられる人をすべて許したのに、それでもまだ目標に到達できないというなら、もっと深く心の中にもぐってみてください。あなたがまだ許さなくてはならない、忘れている人々や組織、企業、あるいは政府がありませんか？　私は、すべてを許したら目標が次々に実現することの生き証人なのです。

自分の体を許す：マートル・フィルモアの歴史的一例

国際的奉仕団であるユニティ教会とサイレント・ユニティの共同設立者であるマートル・フィルモアは、抗生物質による治療のない一八八六年、細菌による肺結核で死に瀕していました。大方の当時の若い女性と違ってマートルは晩婚で、自ら創設した私立学校の教師と、創立者としての成功をおさめていました。彼女は若い頃から肺結核を患っていましたが、四三歳のとき、幼い息子二人（四歳と二歳）を抱えているのに、自分が死に瀕していると自覚しました。医者にはできるだけの治療はすべてほどこしましたと告げられていました。マートルは治癒を求めて信仰に頼りました。彼女は人生のほとんどをメソジスト教会の信徒として過ごしてきましたが、確実な死がすぐそこに迫っているのを実感し、前向きで肯定的な祈りと、超自然的な癒やしを信仰に加えました。マートルは部屋に閉じこもり、数日、数週間、さらに数カ月、治癒に関する言葉に集中してイエスの御言葉を学びました。彼女はマルコによる福音書の中のイエスの御言葉が特に好きでした。「そこであなたがたに言うが、祈り求めることは何でもすでにかなえられたと信じなさい。そうすればその通りになるであろう」（一一章二四節）聖書の節を繰り返し唱えるのに加え、彼女は治癒について前向きな宣言を口にしました。実際に自分の体に「許します」と語りかけ、内臓に「おまえたちはエネルギッシュで、力強く、賢い」と話しかけたのです。マートル・フィルモアに関する著書の中で、トーマス・ウィザスプーンは次のようなマートルの言葉を引用しています。

『私は、体内の生命の根源すべてに向かい、神の御言葉を話しかけました――強さとパワーを持った言葉を。自分の体をとがめたり、弱虫、役立たず、病気持ちとののしったりして、ばかで無知をさらけ出すようなことをしてきたけれど、どうか許してくださいと願いました。自分の体がなかなか覚醒しなくても気を落とさず、臓器が応えるまで無言で、あるいは口に出して、神の御言葉を説き続けました……。さらに、頂いた命をあさましく用いています、どうぞ許してくださいと神に願いました。私は神に誓いました。もう二度と生命が心や体を自由に流れるのを誤った言葉や考えで妨げるようなことはいたしません。いつも生命を祝福し、助け、私の体という聖堂を築き上げるという賢明なる職務を真の信仰と祈りで応援します。不断の努力と知恵のすべてを用いて、生命にしてほしいことだけを告げます……。絶対におろおろしたり、不安になったりしません。またうわさ話や、くだらない、気の短い、怒りの言葉を口にするのはやめます』

この行動を始めて二年たった一八八八年ごろ、マートルは全快しました。この快癒は奇跡だと思われました。何といっても彼女は、次の世紀の中頃まで治療法が見つからなかった病気にかかっていて、死期が迫っていたのですから。マートルは八六歳の高齢になるまで生き、国際的奉仕団を発展させることや、前向きで肯定的で癒やされる祈り方を人々に教えることに余生を費やしました。

マートル・フィルモアが癒やされた一〇八年後、私の友シャリーンは、まさに同じ原理を用いて奇跡の治癒を体験したのです。

■自分を許す：シャリーンの奇跡的治癒

許しを行なったとき、私は私の病気の治癒に一番手を貸してくれる医者にめぐりあいました。けれども私の親友シャリーン・フラーは、許しを行なったとき、シャリーンが言うところの「奇跡の治癒」を体験しました。シャリーンのかかりつけの医者たちは皆当惑し、なぜ、どうやって、彼女がこんなに早々と全快してしまったか、はっきりとした納得のいく説明をつけることができませんでした。シャリーンは長年「引き寄せの法則」の原理に親しんでおり、いろいろな夢や願いの実現に用いていました。でもご存じのように、精神的に追い詰められているとき、この原理を用いることをなかなか思い出せません。シャリーンは彼女自身の言葉で、自分がいかに道を誤ったか、そして「引き寄せの法則」と「許しの法則」を用いていかに正道に戻ったかを話してくれました。

わたしは二〇年ほど専業主婦でしたが、仕事に戻るときがやってきました。母親として献身的に尽くし、愛情

深い母親ほど満足のいく仕事は体験したことがありませんでしたが、子どもたちは完全に自立したので、新しい未来を切り開く余裕と決意が芽生えたのです。元々とても社交的な性格なので、人と一緒に仕事がしたい、さらに建物を見物して回るのが好きだったので、さまざまな必須の研修と試験を受けたあと、二〇〇五年に住宅用不動産の仲介業者になりました。

わたしは一八歳のときから「引き寄せの法則」に傾倒しています。一九七四年にカリフォルニアを訪問したときから信じ始めたのです。魂や霊など超自然的なものについて考える形而上学を教えてくれる人たちにたまたま出会ったときのことでした。ニューヨークに戻ってみると、その独特の哲学を知っている人はほとんどおらず、わたしがその話をしようとすると、「変人」というレッテルを貼られていたでしょう。そのためわたしは、形而上学の原理を心の奥にしまいこむようになりました。たぶんわたしは形而上学の原理を無意識に用いていたのだと思います。単に危機的状況に陥ったときに、その原理をときどき意識に上らせていただけのことですが。思った通り、続く三〇数年間はこの上なく素晴らしく満足のいくものでした。わたしは大学を卒業し、結婚して二人のかわいい子をもうけました。

さて二〇〇五年に戻りましょう。わたしは不動産の研修中に一冊の本を読みました。その本には、よい暮らしを営むのに十分な量の仕事を得るには、その仕事に没頭すること、つまり毎日二四時間一週間に七日、不動産に熱中することが必要だと書かれていました。わたしは不動産で成功するのだと決心していましたし、ほかの目標ではすでに成功をおさめたと思っていましたので、その忠告通りにすると決めました。わたしは嬉々として新しい職業をスタートさせたのです。

わたしの上司だった男性は面倒見がよい人で、わたしの頑張りを喜んでくれた一方、一週間のうち一日は休養の日にするべきだし、二四時間働くべきではないと忠告してくれました。しかしわたしは耳を貸しませんでした。はたしてわたしは、最初の一年目ですばらしい結果を出しました。大方の新人よりずっと販売成績がよく、約三五〇万ドル分の住宅用不動産を売ったのです。

しかし、不動産学校では——一年目にはあまりよい成績を上げられない大多数の人たちを鼓舞するためでしょうが——一般に、二年目には収入が最初の年の二倍になると教えられます。このもっともらしい言いぐさのせいで、わたしはほかのことが考えられなくなりました！　不運なことに、その年の前半はこの目標を達成できそうなペースで進んでいたのですが、その年の後半になるとわたしではどうしようもない難問がいくつも起き、目標を実現するのは困難になりました。楽観主義を続け（いつもは何とかそうしていました）、すべてを視野に入れるかわりに、失敗の恐怖が首をもたげ、途轍《とてつ》もないストレスを感じ始めました。もし二年目に目標に到達できなかったら恥をかく、そんな思いを抱えていたので、前向きのエネルギーのかわりに「ストレス」を生んでしまったのです。当然この負の気持ちは雪だるま式にふくらみ、仕事以上に、結婚生活にも影響を及ぼしたのです。

ラリーとの結婚生活は二三年になり、常に深い愛情で結ばれていましたが、悲観的な思いでピリピリしていたわたしのせいで悪化し始めました。不動産仲介業者としての二年目が過ぎていき、初年度の二倍の売上高を達成する可能性がどんどん薄れていくにつれ、わたしは自分にどんどんプレッシャーを与えていきました。それにわたしは家族との人間関係に、特に夫との人間関係に時間をあまり割いていませんでした。

休む時間を取ったり、「今」やたくさんの恩恵を楽しんだり、何でも思い通りにはならないと気づいたりするかわりに、商取引がうまくいかなかったり、将来を悲観し始めたりすると、わたしは自分を非難しました。悲観して憔悴すると、人は「今」を楽しめませんし、このような思いは常に心配の種を発生させるのです。自分が注意を集中したものが育つのだと教える「引き寄せの法則」の原理をわたしは忘れてしまっていました。つまり、仕事の不満を募らせると、もっと不満を引き寄せることを意味します。わたしは目標の実現を負の感情や思いで妨害していたのです。

二〇〇六年八月がやってきたとき、その年も残り半年を切ったのに高い営業目標には半ばにも届いていませんでした。わたしは自分に対する怒りや非難をさらに募らせましたが、ちっともすっきりしませんでした。生まれて初めて、医者に血圧降下剤を勧められました——血圧が急上昇したのは、野望がくじかれたからだとわかっていましたし、仕事が軌道に乗ったら、高血圧は解消されるはずだとわかっていたので、わたしは飲むのを拒みました。でもとうとう常に体調がすぐれなくなってしまったために、たとえ休みを取ることになっても、何かリラックスできることをしなければと思いました。そこで夫とわたしは、ノースカロライナ州の海岸で、のんびり週末を楽しむ計画を立てました。

八月最後の土曜日、私たちは保養地にいました。その日はずっと浜辺で過ごしましたが、実はその時間の大半、わたしは休もうと「努力していた」のです。休むのにそんなに努力が必要だなんていったい誰がわかるというのでしょう?

夫と優雅な晩餐を取ろうと下りていくエレベーターの中で、わたしは耐えがたいめまいに襲われました。立っていられず、わたしは突然ドスンと床に倒れて夫を驚かせました。エレベーターの扉が開き、夫はわたしを見下ろし、困った顔で言いました。「わかったから、ここでふざけるのはやめてくれよ。さあ、立って——着いたよ！」わたしは立ち上がろうとしましたが、どうしたわけか頭はくらくらし、心臓がどきんどきんとして、とても立ち上がれそうにありません。何が起きているのか見当もつきませんでしたが、不安を抱えていたせいで、その日はほとんど食べていませんでしたから、たぶん血糖が急激に下がったのだろう、これはきっと常日頃聞かされていた低血糖症なのだろうという考えが最初に浮かびました。だからレストランまでラリーに支えてもらい、血液中に糖分をいくらか入れることができたら、めまいなんてすぐにやわらぐはずだわと考えました。

席に座るとすぐにカニのクリームスープをいくらか口に運びました。ところがそのスープを火山のように吐き出してしまったので、わたしは恐怖と狼狽に震えました……。そして恥ずかしさに加え、頭が爆発するような突然の痛みに襲われたので、夫はわたしを部屋に連れ戻しました。この奇妙な症状は、世界で最悪の偏頭痛を抱えているせい、たぶん内耳感染症（平衡感覚に影響を与えることで知られています。それにわたしはこの病気の原因の一つとも言われるスイミングも続けていました）も同時に発症したせいに違いないと確信しました。そこでわたしはほかのすべてにそうしてきたように、しかたがないと耐えることにしました。わたしは明かりを消してベッドに横たわり、二日間耐えました。吐き気がひどくて一口の水も飲み込めなかったので、頭痛薬も飲めません。食べ物も水もなしで丸二日間、絶えず苦痛（痛みとめまいのせいで目を開けることすらできず）に耐え忍びました。苦痛が続いた三日目、とうとうある医者に連絡し、医者はわたしをすぐ救急室に送り込みました。そこですぐに脳の精密検査が行なわれ、脳卒中を起こしていたことがわかりました。

脳卒中？　そんなことがわたしに起きるはずがありません！　脳卒中になるような危険因子をわたしは何一つ

持っていませんでした。太っていませんでしたし、まだ五五歳以下でしたし、定期的に運動し、コレステロール値も低く、（普段は）血圧も低く、糖尿病でもなく、家族に脳卒中を起こした人はいませんでした。

診断が告げられると、気の毒な夫は取り乱しました。でも最初のショックと驚愕が過ぎ去ると、わたしはまったく違った反応をしました。安堵のあまり泣きそうになったのです！　なぜなら深刻な病気の診断を受けたのだから、正々堂々と休むことができるのです！　そればかりか、苦痛を追い払ってくれる場所にやっとたどりついたのですから（そのときはそう思っていました）。

わたしはすぐ入院に同意し、病院の医師は頭痛を緩和しようと、静脈注射によってあれこれ試みました。けれども何をしても頭が爆発しているような感覚を鈍らせることはできず、平静を取り戻すどころではありませんでした。

丸五日間、わたしは歩くことも体を起こすこともできず、何かをじっと見つめることすらできませんでした。理路整然と話すことさえ満足にできませんでした。話の途中で言葉が途切れてそのまま黙ってしまうのです。けれども頭痛と吐き気があっても、入院前にどれほどの不安を抱いていたかを思えば、わたしは楽しく過ごしていたと思います。二四時間看護されることを楽しみ始め、気遣いと注意を浴びることを楽しみ、さらに一番大事なことには、わたしはとうとう自分に課した要求を放棄することができたのです。営業目標に到達できない自分を許すことができましたし、自分の体を適度に休息させ、のんびりさせることができました。そればかりか、夫の揺るぎない愛と支えがよくわかりました。そのため、私はなんて幸運なんだろう、何もかもうまくいくに違いないと楽観的に考えていました。

でも気の毒な夫はとても取り乱していました。入院して二日目、MRI検査（脳の断層を見る検査）が行なわれ、不吉な結果が出ました。小脳の三分の二に、大きな黒い影があったのです。これは、死んだ、あるいは死につつある脳組織だと考えられ、脳組織が永久に失われたことを意味しています。三人の医師が協議しましたが、何がこの損傷の原因となったのか診断することができませんでした。またわたしは危険因子を持っていなかったため、彼らはこの影の中には急速に増殖する脳腫瘍が隠れている可能性があると考え、脳生検が検討されたのです。

三人の医師全員が考えていることについて、そのうちの一人の医師が率直に話すことに決め、わたしの夫に「あなたの奥さんは明らかに永久的な脳の損傷を抱えています」と告げ、「奥さんは二度と歩けるようにはならないという事実をしっかりと受け止めてください」と言いました。そしてラリーに介護施設のリストまで手わたしました。わたしには少なくとも六カ月間、フルタイムの介護が必要になるに違いないから、連絡を取り始めてくださいと言うのです。そして、その間集中して理学療法を受ければ、最善の場合、歩行器を使って歩けるようになるかもしれないと言いました！

水曜日の午後、脳卒中が起きてからほぼ五日が経ったときのことでした。ラリーは廊下で医者の意見を求めていました。夫が病室に戻ってきたとき、わたしは「お医者は何て？」と尋ねました。でも夫は、「至急脳生検が必要かもしれない、先生は脳卒中の発作なのか、小さな腫瘍なのか判断がつかないそうだから。が、どちらにしても、おまえはよくなるよ」と答えただけでした。

夫の声は心配しているようには聞こえませんでした。それで、わたしは絶えず痛みと吐き気はありましたが、心と感情の解放を楽しみ続けました。その後、わたしは、友達のコニー・ドミノとの約束があったことを思い出しました。ラリーにコニーの電話番号をダイヤルしてもらい、彼女の留守番電話に長くてとりとめのない伝言を残したあと、わたしは夫が絶えずそばにいて、元気づけてくれていることにふたたび感謝の念を覚えました。そのあいだにも、ラリーはほとんど食べず、検査にすべて付き添い、毎晩、わたしのベッドのそばの椅子で過ごしました。体調はひどかったにもかかわらず、わたしはラリーのすばらしい世話や、友達や家族からの心配の電話や、医者や看護師や技師の細心の介護を本当に楽しんでいました。

水曜日の遅くに見舞客が来ました。すばらしい友、コニーでした。わたしは睡眠用のアイマスクを着けていました（頭痛が起きた土曜日から着けていたものです。ほんのわずかの光もさえぎることで、少しだけ楽になったので）。だから姿は見えませんでしたが、特徴的な声を聞いて、すぐにコニーだとわかりました。

細かいことはあまり覚えていませんが、すべてうまくいくだろう、とさらに強く確信したのを覚えています。それから、夫の厳しい顔に険しい表情を認めたのでしょう、コニーは廊下で夫と相談しました。ただコニーの話はもっと楽観的でした！　コニーとラリーがわたしに話したことによると、話し合いはこのようなものだったそうです。

「ラリー、シャリーンは具合悪そうに見えるし、先生がおっしゃることはわかるわ。でも奇跡はいつだって起こるのよ！　そう、しょっちゅうじゃないけれど、でも、私は看護師だから、ことごとく目にしてきたわ。もし誰かが奇跡を起こせるというなら、それはシャリーンよ！　彼女は頑張り屋だし、それは奇跡をつかむために大事なことよ。だから気をしっかり持って！　ただ、先生が言ったことを彼女には伝えないで。シャリーンの気を落とさせないで。彼女が気分よく、元気でいるところをずっと思い浮かべていて。全快したシャリーンを思い浮かべてね。どうか信じて、先生たちが何と言ったって、奇跡は現実になりうるのよ。望みを捨てないで！」

そこで夫は恐怖と戦いながらも、コニーが言った通りにしました。夫は介護施設のリストをゴミ箱に投げ入れ、絶対必要ない、必要なら、自分がフルタイムで介護すると決心したのです。

夕食の盆が運ばれ、下げられました。わたしは一口も食べられませんでした。夜が更け、ラリーはできるだけわたしの近くで眠ろうと、椅子を引き寄せました。わたしも一生懸命痛みを無視し、眠ろうとしました。点滴で注入された効き目のない薬のおかげで少しまどろんだと思います。薬のせいで意識朦朧としたわたしは、恐怖を感じず、苦痛の中で、また眠りの中ですら、ここ八カ月体験していたどんどん大きくなるプレッシャーと否定的な独り言に歯向かうことをやめ、解放されたことを楽しんでいました。こんな事態にもかかわらず、私はすべてを流し出すことができたのです。

コニーの忠告に従い、ラリーは、病気が治って健康な私を思い浮かべ、自分の頭をわたしの頭に押し当てて、痛みが自分の頭に流れるところを想像しました。ついにラリーもまどろみました。木曜日の午前四時半、技師が脈拍と呼吸と体温を調べに病室に来ました。まったく動けなかった五日を過ごしたあとで、技師がベッドに来たとき、わたしは起き上がったのです。またその瞬間に、わたしは痛みが去ったのを悟りました。気分がよくなったと実感したのです。

ラリーは、わたしが起き上がることができ、頭痛がなくなり、電子メールを調べてくれと頼んでいるのに気づきました。ラリーはうれしくて有頂天になりました。奇跡が現実に起きていたのです。

二、三時間後、奥さんは二度と歩けないでしょうと言った医師が病室に来ました。わたしはベッドの上に起き上がり、溜まった電子メールをうれしそうに全部片づけながらノートパソコンを操作していました。彼はびっくり仰天しました。

最初、医師たちはなぜMRIにあれほど不吉な症状が表れたのかを知りたがり、超音波心エコー図検査と呼ばれる心臓を調べる特別な検査をしました。その結果、心臓に先天性（生まれつき）の穴が発見されたので、医師たちはそのせいで凝固した血が脳へと送られたのではないかと推測しました。血の塊は小脳へとたどりつき、脳のその部分に機能不全を起こしたのです。小脳はわたしたちの平衡感覚を司ります。平衡感覚はとても大切な機能で、空間における身体のバランスを保たせてくれるのです。平衡感覚が機能しなかったので、わたしの体全体は突然抑制のきかないカーニバルの乗馬みたいになり、すぐにひどい吐き気を引き起こすことになったのでした。

心臓の穴を閉じてもらったあとは、もう吐き気が起こることはありません。けれども、MRIでは絶望的に見えたのに、なぜわたしは平衡感覚が戻ったのでしょうか？　何が苦痛を取り去ったのでしょうか？　MRIの再検査では、前とまったく同じに見えました。わたしがその脳外科の先生に質問すると「私にはどういうことかよくわからないが、大事なのは、あなたが今元気なことです。だからMRIが示していることは、少しも問題ではありませんよ」と言いました。

これはたぶんずっと謎のままでしょう。でもわたしが思うに、わたしは自分に非現実なことを求め始めていて、多少のんびりすることも許していませんでした。あなたが不健康について考えれば、あなたの体もしまいには謀反を起こすでしょう。過剰な要求をいったんすべて放棄し、人生の目標をすぐに実現していなくても、期待通り完全無欠でなくても、自分を許し、自分のまわりのすべての愛や幸福――わたしがないがしろにしていた――に身をゆだねたとき、わたしの健康が戻ったのです。

金曜日、わたしは退院しました。脳卒中から七日後にわたしは家に帰りました。温室みたいに見える家へ。家は友や仕事仲間、家族や、隣人から贈られた植物や花や食べ物や贈り物でいっぱいでした。おかげでわたしの意気は高まりました。これらの贈り物は、いかに自分が愛されているかをさらに強く気づかせてくれました。これは仕事の目標なんかより、もっともっと大切なことでした。さらに夫は、わたしが十分休んで、すっかり体力を蓄えられるよう、今年いっぱいは休暇を取るように主張しました。わたしが不動産業で急に成績を上げ始めたおかげで、まもなく引退できるぞと夢見ていた夫からのこの言葉は、とてもありがたく、非常に思いやりに満ちたものでした。そう決めたせいで、夫は予定よりもさらに長く働かなければならなくなったのですから。

延長した――しかもくつろいだ――休暇中に、わたしは住宅・インテリア専門チャンネルで放映されている『買ってちょうだい（Buy Me）』という不動産リアリティーショーの撮影現場を訪問しました。すっかり元気にあふれていたわたしは撮影スタッフとおしゃべりし、わたしの名刺をわたしました（わたしの発作については話しませんでした）。その一カ月後――二〇〇七年一月――、わたしは不動産会社に復帰しました。このように楽しく仕事を休んだあとに、不動産の顧客を見つけるのに必要な熱意をどうやって取り戻せばいいのだろうと思いあぐねながら。ところが案の定と言うべきか、留守番電話にはカナダのモントリオールにいる『買ってちょうだい』のプロデューサーからの伝言が入っていました。伝言によると、彼らはノースカロライナ州のローリー地区で、リアリティーショーで撮影された物件のうちの一件を売ってみたいという社交的な不動産仲介業者を探しているとのことでした。わたしに、ショー出演にご興味があるでしょうか、と言うのです。突然熱意が汽車のように蒸気を上げて戻ってきました！ リラックスして前向きでいただけなのに、わたしは夢を実現できたのです。わたしの不動産の経歴が、全国放送のテレビショーで注目を浴びるのです。

結局、九回のシリーズで一話ならず、二話の撮影に関わりました。二話とも、不動産・インテリア専門チャンネルで数えきれないほど再放送され、今でも放送されています。『買ってちょうだい』はリアリティーショーなので、すべての話がハッピーエンドではありません。でもわたしが登場した二話は二つともとても前向きなので、わたしにとってすばらしい宣伝になり、わたしの不動産人生はふたたび花開いたのです！

全国で販売されている不動産仲介業者用の雑誌〈リアルター・マガジン〉は、二〇〇八年七月号でわたしの「成功物語」を特集までしました。そういうわけで、人生はすばらしいものであり続けていますし、わたしは祝福され続けています。

でもそれが続くのはコニーが教えてくれた原理を忘れないときだけです！

癒やしには、自分にひどい仕打ちをしたと認める人を許すことも必要です。それが自分であったとしても、です。許し、信仰、信念、思考とエネルギーが一つになれば、奇跡を起こせるのです。

八章
世界に対して憤る：意識を高め、最高の人生を送るために「許し」を用いる

ありがたいことに、あなたはトップでスタートしています

最近では多くの不満が聞かれます。テレビから語りかける二四時間ニュースのキャスターは、世の中が間違っていると言います。ニュースキャスターたちは誰かに噛《か》みつくべきだと告げますが、そういう彼らのほとんどは誰に噛《か》みついたらいいのかわかっていません。キャスターたちはまず、私たちはかつてなかったほど職を失いつつあると告げ、次に、私たちは自分たちが購入したことさえ知らなかったもの、銀行や、保険会社や、自動車メーカーといった重要なものの誇り高き所有者なのだと告げます。もしこれらの大会社を私たちが全部所有しているのなら、社長（CEO）としての私たちの給料の小切手やボーナスや大邸宅や自家用飛行機はいったいどこにあるのかを知りたいと思う人もいるでしょう。私たちは、CEOとは「Carted Everyone's money Offshore（私たち皆のお金を海外に運ぶ）」の略だと思い始めていました。自分が高い地位へと選出した人間が問題のある行為をしたり、責任を取らなかったりするのを見ると

イライラします。本当は法を免れている人がいるのではと、疑い始めます。もし私たちがスピード違反で捕まれば、交通裁判所に行かなければならないので、私たちは法を免れていないとわかりますし、もっと重い罪を犯して捕まれば、その責任を取らねばならないとも思います。

確かに私たちは現代社会に対する不平不満をたくさん聞きます。人生が輝かしく、人々が行儀よく振舞った過去の日々、「古きよき時代」を切望する人々もいます。けれども歴史をよく調べると、実はよき時代などなかったことがわかります。昔からずっと、さまざまな災難が日常的に善良な人々に降りかかっていました。ただそれを書き留めたり、目に留めたりする人がそれほどいなかっただけなのです。なぜなら平均的な人々は食卓に並べる食べ物を確保し、雨をしのぐ住居を手に入れるために時間を取られていたからです。歴史を記録していた学識経験者は、ほとんどが上流階級に属していましたし、その記述は先入観にとらわれたものでした。

実際、私たちアメリカ国民は幸いにも、マズローの唱えるピラミッド型の欲求段階説の上から一つ目と二つ目の階層で暮らしているという点で、世界で一番幸運な国民の中に含まれます。このピラミッドは心理学者のエイブラハム・マズローが開発したもので、人がどのようにエネルギーを費やしているか、また男女の努力がどれほど現在の環境に左右されるかを完璧に説明する五つの階層を用いるものです。このピラミッドの底辺の階層には、肉体が生き残るために必要とする飲み物と食べ物があります。その上の階層には安全と住まいがあります。もし必要最低限の肉体の要求が満たされる、つまり飲み物と食べ物と安全と住まいを獲得すると、上位の三階層へと進む時間とエネルギーを持つことができますが、それは心理社会的に自然なものです。階層の三は、愛と所属の欲求です。この階層では、私たちは自分が愛する人々と、ともに過ごしたい人々について考えます。私たちはいろいろな型の人間関係を築きます。支え合う友達の集いや、面倒見のよいグループに参加するかもしれません。階層の四では自尊心を培います。愛と所属を心理社会的に求めるのに加え、私たちは教育を受けて地位や成功や名声、出世、人間関係を求めるかもしれません。一番上の階層は、自己実現の欲求です。この階層では、人々は学校教育や社会教育を受けたり、キャリアアップしたり、よりよい仕事に就いたり、仕事や新しい趣味を始めることで、人生を向上させることを求めるのです。

記録に残る歴史の多くによると、欲求段階の底辺の二つの階層においては、大勢の人が、生きるために毎日食べ物ときれいな水を十分手に入れ、家と安全を確保しようと、時間やエネルギーのほとんどを費やしました。人のエネルギーがこれら底辺の二つの階層に限定されてしまうと、人を愛したり、内省したり、出世について考える暇はあまりありません。

私たちの社会がなぜ独特なのかというと、記録された歴史の中で初めて、大勢のグループが、欲求段階の上位三つの段階、つまり、愛や所属を求めたり、自尊心を求めたり、自尊心や自己実現に取り組んだりすることにほとんどの時間を費やす特権と喜びを手にしているからです。でも全体としてみれば、私たちは、昔よりもずっとぐちをこぼしているようです。

現在の状況が悪化しているとは私は断じて思いません。ただ不満を言う余裕があるというぜいたくを享受しているだけなのだと思います。また私たちは、あらゆる人の不幸を知ることができます。情報の時代となり、情報が激増したせいで伝達速度が飛躍的に高まりました。昔よりもずっと多い人々が、教育を受け、教養を身につけます。そのうえ、あらゆる地に住む人が、多くの場合は持ち運び自由な携帯電話を使って写真を撮り、デジタル画像を保存し、メッセージを送ります。不穏な事件がキャッチされ、インターネット経由で地球の向こう側に送られる可能性が大きく増加しています。この歓迎されざる画像が蔓延することで昔よりも暗澹たる事件が増えているという印象がありますが、これは実は、時の試練などではありません。

もし私たちが歴史の好ましからざる一面を学び、理解し、相互作用のあり方に対して積極的に新しい対応策を生み出そうとしなければ、私たちはまたそれを繰り返すでしょう（世界の一部では、すでに繰り返していますが）。自分がどれほど幸運かに気づき、感謝の念を表し、不当な扱いを受けたと感じたときはいつでも許しの宣言テクニックに取り組むことが、この世界で自分や他人と仲良く暮らしていくための最初の大切な一歩なのです。

正義と許しのテクニック

「許しの法則」を働かせることについて、私が学んだ最高に魅力的なことの一つは、許しを用いてエネルギーを動かすと、「正義と秩序の法則」への追い風となるということです。

「引き寄せの法則」講座の受講生に、理想の相手と出会うことを目標に挙げた人がいました。彼女は過去にひどい結婚生活を経験していました。講座が始まる前、彼女は自分をちゃんと扱ってくれる男性には絶対めぐりあえないわと言っていました。目標宣言で、彼女は相手に望む条件を並べました。そしてなんと、まさしく彼女の理想通りの男性が、二週間後、彼女の人生に現れたのです。数カ月後、二人は結婚しました。

一年後、その女性に会うと、彼女はその前の年に実現させた別の目標のことを話してくれました。彼女の元夫は、五人の子どもすべてに性的ないたずらをしていたのです。一一年間、彼女はこの男に法の裁きを受けさせようとしてきましたが、失敗に終わっていました。彼女の怒りと憤りは筆舌に尽くしがたいものでした。この男を許すことは彼女にとって至難の業でしたが、彼女は怒りを解放し、前進するときだと決めました。彼女が元夫に対する許しの宣言を心から述べたとき、正義の車輪が動き始め、元夫は刑務所に入れられたのです。これには混乱するかもしれません。なぜなら誰かを許すときには、その人に特別な末路を願ったりしないのですから。許しには悪感情を一切込めません。でなければエネルギーが動かないはずですから。あなたは自分を憤らせた相手を解放し、同時に二人のあいだに閉じ込められたままだったエネルギーを解放しているのです。しかし、私の「引き寄せの法則」と「許しの法則」講座の受講生から知ったことは、あなたがエネルギーを解き放てば、起こりそうな正義が何であろうと、実現するということです。

別の「引き寄せの法則」と「許しの法則」講座の受講生は、自分が発明した製品を、市場に売り出す援助の約束を取りつけていた者に盗まれてしまった、と憤っていました。彼女は彼らを信用していました。

製品は市場でよく売れ、四二〇万ドルを売り上げました。彼女は裁判を起こしましたが、敗訴しました。彼女は、自分の製品を盗んだ人間は、自分たちに有利な判決が出るよう、三万ドルをわいろの効く裁判官に支払ったのだと信じていました。彼女は怒りと憤りで腹の中が煮えくり返っていました。頭の中はよくない思いでいっぱいで、災難の連鎖が彼女の人生を襲っていました。破産し、失業し、トレーラーハウスに移り住み、ペットのフクロネズミはそこで死に、移動住宅は黒いハエだらけでした。財布は盗まれ、車はあて逃げにあって破損しました。ふう、彼女の人生は何もかもうまくいっていなかったのです！

彼女が自分の製品を盗んだ者たちと不正な裁判官に対する許しの宣言をまじめに行なうと、警察当局がその裁判官を訴追しました。その裁判官は、ほかの訴訟でわいろを受け取った罪で告発されています。彼女の件も再検討されています。

私の最初の「引き寄せの法則」講座の受講生の一人が、許しの宣言を行なった一週間後、郵便で二万五千ドルの小切手を受け取りました。一〇年間の訴訟が突然決着したのです。

離婚訴訟中の受講生のうち、統計上意味のある人数が、元の配偶者に対して許しの宣言を行なったあと、離婚交渉が以前よりもスムーズに進み、離婚の際の取り決めで彼らが望んだ物もずっと簡単に得ることができたと話してくれました。

私は、「許しの法則」のあらゆる驚くべき恩恵について、受講生や指導した人々やまた読者から、たくさんのことを学んできました。「許しの法則」は、私が予想もしなかった方面にも役立ちます。この信じられない普遍の法則を学べば学ぶほど、正義という題目に対する考え方ががらりと変わるかもしれません。たぶん私たちは、暴力に訴えることや（も）正義のために復讐することは（も）、ともに逆効果だし、まったく不必要なことなのだとようやく理解し始めるのではないでしょうか。もし個人が攻撃した人間を許すことで正義の両輪が進むよう道が開放されるのなら、国中の、あるいは世界中の人々が許せば、いったい何が起こるか想像してみてください。堕落し、陰に隠れるすべてのものを光が照らし、真実がすっかり明るみに出るのではないでしょうか。

アーミッシュの寛容：許し、正義、赦免

許しと正義という題目について討論すると、遅かれ早かれ、アーミッシュ――と彼ら独自の見解と行動――が話題に上ります。数年前、悲劇がアーミッシュの共同体を襲ったとき、アーミッシュ派の許しの考え方が国中で話題になりました。二〇〇六年一〇月二日、チャールズ・カール・ロバート四世という名の男が、銃を持ってペンシルバニア州のニッケルマインズ近くにあるアーミッシュの校舎に押し入りました。五名の女子児童が殺され、ほかの五名は重傷を負いました。その後ロバートは自殺しました。世界は、静かなアーミッシュの田舎で学校襲撃事件が起きたことよりも、アーミッシュの共同体が事件に対して示した反応のほうに驚きました。事件のほぼ直後、ニッケルマインズのアーミッシュたちは殺人犯を許し、殺人者の家族への支援を申し出ました。襲撃の起きた日の夜、近くのアーミッシュの共同体の数名が、ロバートの未亡人アミーとその子どもたちを訪問し、数マイル離れたところでは、別のアーミッシュ

たちが殺人犯の父親を訪ねました。数日後、ロバートが埋葬されましたが、参列者の半分以上がアーミッシュの人々でした。殺害された数名の生徒たちの両親は、娘の告別式に、ロバートの遺族たちを招きました。

アーミッシュの文化を研究している人たちはこの反応に驚いたりしません。ドナルド・クレイビル、スティーブン・ホルト、そしてデイビッド・ウィーヴァー・ザーチャーは『アーミッシュの寛容（Amish Grace：仮題）』という本の中でこう書いています。

『殺人が発生してから数時間のうちに殺人犯の家に許しが届いたとき、それはどこからともなく出現したのではなかった。というより、許しはアーミッシュの暮らしという布地そのものに織り込まれているのだ。その布を織るための丈夫な糸は、神への信仰や、聖書の教え、また迫害された歴史から紡がれている』

アーミッシュがなぜそのような恐ろしい事態のもとで、それほどやすやすと許すことができるのかをもっとよく知るためには、アーミッシュの来歴をかいつまんで調べねばなりません。アーミッシュの人々は、一七〇〇年代と一八〇〇年代にアメリカにわたり、ペンシルバニア州、オハイオ州、インディアナ州、さらにそのほかの州に移住しました。ほかの初期の移住者たちのように、彼らも宗教の自由を求めていました。アーミッシュの活動は宗教改革が起きた一五〇〇年代初頭、ヨーロッパで生まれました。成人後の再洗礼を要求する信仰だったため、アーミッシュは最初、Anabaptistと呼ばれました。Anabaptistとは再洗礼を受けた人々を意味します。アーミッシュはさらに、教会と国家の分離を信じていました。アーミッシュがこの二つを信奉したため、国の認可を受けたカトリックとプロテスタントの教会は激怒しました。国が認可した教会は、幼児洗礼で十分と考えていたからです。結果として、多くの再洗礼派の信徒が厳しく迫害され、火あぶりの刑に処されたり、首をはねられたりしました。再洗礼派は聖書を文字通りに解釈し、特にイエスの教え、中でも山上の垂訓に熱い信仰を寄せていました。イエスが許しについて語っているところです。再洗礼派は人が他人を許せば、神は人を許すことができると信じていました。許しに関する彼らの信心は、ほとんどが新約聖書の節、特に主の祈りに由来しています。イエスがこう述べているところです。「我らに罪を犯す者を　我らが赦《ゆる》すごとく　我らの罪をも　赦《ゆる》したまえ」

　アーミッシュの許しに対する考え方は、個人や国家の防衛に関する信心にまで及んでいます。アーミッシュは兵役義務を良心的に拒否します。復讐だとみなされるおそれのある行為は、戦争で戦うことも、法廷で他人を相手に裁判を起こすことも含め、どんなものであれ正しいとは考えません。アーミッシュが無条件に許しを信じていることにはとても驚かされます。彼らもほかの社会を苦しめる同じ問題、死や病気、暴力、虐待などに苦しんでいます。それでも彼らはいつも許しを心のうちに抱いています。クレイビルと彼の同僚は、『アーミッシュの寛容』をこの思いで締めくくっています。

『宗教が報復をたびたび正当化し、称賛する世界や、報復をたきつけるために聖書を使うキリスト教徒がいる国においては、アーミッシュの反応は本当に驚きでした。ニッケルマインズ事件の悲惨な詳細にもかかわらず、ある教訓がはっきりと響いています。宗教は、憤りや報復を正当化するために用いられたのではなく、善や許しや寛容を教えるために用いられたのだと。この件は、宗教や国民性に関係なくアーミッシュ以外の私たちにとって、偉大な教訓なのです』

魂や心の成長の三段階

人々が許しを学び始め、真の魂の力を体験するとき、彼らは新しい生き方を始めます。これは多くの人を驚かせ、彼らは魂や感情の成長の速さに畏敬の念を表します。一体全体私に何が起きたのでしょう、と彼らは私に尋ねます。答えはいたってシンプルで、彼らは魂あるいは心の成長段階の、「自分に」の段階から、「自分のふるまいによって」の段階に進んだだけなのです。これは、些細なできごとではありません。なぜなら、今日では世界中のほとんどの人々が、「自分に」の段階で人生を送っているからです。説明しましょう。

数年前、私はスカイ・セント・ジョン牧師による説教に出席しました。スカイ師によると、人が経験できる魂あるいは心の成長には三段階あるそうです。三段階とは、「自分に」、「自分のふるまいによって」と、「あるがままに」です。「許しの法則」と「引き寄せの法則」を用いた私の取り組みは、「物事が『自分に』起きる」の段階から「物事は『自分のふるまいによって』起きる」段階へと私たちを導きます。

「自分に」の段階では、人々は自分の人生に対して無力だと感じます。自分は境遇の犠牲者だと信じています。災厄が起きると、自分は悪運続きだと思い込み、みじめだと感じると、これは神の御意志かもしれないと信じ込みます。自分の問題を他人――配偶者、子どもたち、上司、社会全体、または神であることすらあります――のせいにすることもあります。自分自身を憎悪する人もいるかもしれません。「自分に」の段階では、多くの人が宇宙には十分な豊かさはないと信じています。だからほかの誰かがチャンスを盗み取る前に分け前を獲得しに突進しなければいけないのです。こういう人々は報復を正しいと信じているかもしれません。彼らはこの世は骨肉相食《は》む世界で、人生は不公平、最後は死ぬのだと本気で感じているのかもしれません。彼らは、許すことは弱さのしるしで、自分を傷つけた人々を正しいと認めることだと信じることが多いのです。

不幸なことに、この世界の多くの人々が、「自分に」の段階で暮らしています。それゆえ、誰かが「許しの法則」が提供するメッセージのような希望のメッセージを示すと、人は興奮するのです。数年間これらの原理を学んできた私たちのような人間にとっては「許しの法則」は「ありふれたもの」に聞こえます。しかし勉強してこなかった人にとっては、音楽となりうるのです。「引き寄せの法則」のように、「許しの法則」は、自ら学び実践する人々を、魂の成長の「自分に」の段階から、「自分のふるまいによって」の段階へと連れていってくれるのです。

人生のできごとは「自分に」ではなく、「自分のふるまいによって」起きているのだと悟れば、自分が自分の現実を創造し、その責任を取れるのだと理解するのです。そうすれば自分が犠牲者だという気持ちがなくなります。また、自分には自分の人生の豊かさを実現する力があると知るのはこの段階です。新しく発見した能力に子どものように興奮し、目標や夢を実現したがります。前向きな精神の原理や普遍の法則をきっちり守ることで、自分の人生や境遇を操ることができると一度理解しさえすれば、人はもうあまり恐れることはありません。この段階に至ると、他人にも同じようにするように勧めることで、人々が最高の成功と幸福を獲得できる世の中を思い描き始めるようになるのです。

批判的な大多数の人々が、魂の成長の「自分のふるまいによって」の段階に入れば、世界全体が変わるだろうと思います。人々は、皆に十分いきわたる――十分すぎるほど――と理解するでしょう。暴力や戦争は必要なくなります。なぜなら、皆に十分いきわたると理解するのですから。それに泉は決して枯れないのです。人々は創意に富んだプロセスで目標や夢を実現させるので、ほしいものを力づくで獲得する必要はなくなります。自分のほしいものを他人から取ったり、彼らが恐れるように、機会を失う前に自然を丸裸にしなければ、と思ったりすることもないでしょう。十分すぎるほどあるという原理に従って生きれば、ゆったりした気持ちでいられるし、自分自身も、まわりの人々や自然そのものと共に、平和と調和のうちにすごせる社会がやってくるでしょう。

大勢の人々が「自分のふるまいによって」の段階にとどまることを選ぶでしょう。またそれでよいのです。もし十分な数の人々がこの認識の段階にたどり着けば、世界平和は本当に成就されうるのです。信じようと、信じまいと、調和のとれた世界に生きるためには、皆が皆、「あるがままに」の段階に至る必要はないのです。

しかし、その段階に進むことを選ぶ人は、「あるがままに」で十分の段階に進むことができます。これは師の段階です。魂や心の成長のすばらしい段階ですが、誤解されやすいものでもあります。これは価値ある唯一の段階だけれど、そこに到達する人は、禁欲主義的に生きるため、世俗的な快適さをあきらめたのだと信じる人もいます。実際は、この段階にどっぷり浸った人は、生きているうちに自分が必要とし、願うものすべてを文字通り実現することができるのです。彼らはもはや大量の「モノ」を実現する必要はないのです。彼らはすでに、そうすることを選べば実現できるとわかっているの（また多くの人が立証済み）です。このときまでに、彼らは自分たちが望むのは何よりも簡素――簡素、ありのまま、魂の心地よさ――なのだと悟ります。自然や、自分を取り巻くすべてと釣り合いを取れた状態でいることを重視するのです。

数年前、ニューサム・ホームズ牧師による講話を受講しました。この原理を証明できるかどうかを知りたがった男性についての講和で、ニューサム師は、ノースカロライナ州アッシュビル出身のジェフリー・ソーヤの物語を話されました。ジェフリーは仕事を辞め、所有物をすべて売り払い、人生や愛や自由の意味を探る徒歩旅行に出発しました。行き当たりばったりの旅で、必要最低限の品物――二、三着の衣服、毛布、蚊帳、マッチと小麦粉を少しばかりと塩――を持って、数年間かけて三五〇〇マイル歩きました。キャッシュカードもクレジットカードもテントも持っていませんでした。ジェフリー・ソーヤは旅をしているあいだに自分が求めていたことを実現させたのです。誰かがジェフリーにお金をわたすと、彼はたいていその日のうちにほかの人にあげてしまうのでした。心の底から空っぽになることで、彼の泉は決して枯れることがなかったのです。彼が気楽に旅をしたという意味ではありません。ジェフリーは自分が生き延びるために「必要なもの」と自分が「望むもの」の違いを理解しようとたびたび苦闘しました。「物を求める世界」の住人ではなく、「豊かさ」を理解できる世界の住人たらんとすることに重きを置いていました。彼は食料を乞おうとはしませんでした。会う人会う人に親切で、温かく接し、自分がしてもらった分は相手にも与えました。ジェフリーは自分がお金を所有しているのか、お金が自分を所有しているのかを見極めたいと思っていました。そして結局、「自分の物だと心理的に握りしめているもの」を捨てることでのみ、「自分のまわりの恵みを知る」ことができるという結論に至ったのです。

旅の終わりまでには、ジェフリー・ソーヤは、自分が世界中でもっとも豊かな人々の一人だと感じるようになりました。

イエスやそのほかの指導者や聖人たちは、人生を「あるがままに」の段階で生きました。これは彼らが貧乏だったという意味ではありません。彼らは自分が毎日必要とし、望むものをすべて実現していたのです。望めば、常に食べ物も休みを取る場所も衣服もありました。びっくりするくらい大勢の人が、ほとんどの聖人はぼろ服をまとっていたと信じています。イエスはぼろを着てはいませんでした。実際彼の衣服はとてもよいものだったので、ローマ兵は、彼を磔刑《たっけい》に処したあと、その衣をめぐってサイコロを振ったほどです。友達だったアリマシアのヨゼフは、自分の空の墓を寄付すると主張しました。イエスの遺体は高価な香辛料と高級なリネンで整えられたあと、その墓に横たえられました。イエスの友達が食べ物やワインを欲したときは、イエスが用意したのです。

前述のように、大多数の人がいまだに「自分に」の存在段階に深くはまり込んでいます。自分は境遇の犠牲者だと信じているのです。こういう人は、さまざまなものは「十分にない」ので、ほかの誰かに奪われる前に「自分の分け前を取らなければならない」と信じているのです。この誤った信念のせいで、たくさんの人が静かな（時にはそれほど静かではない）絶望の人生に陥るのです。戦争が起こり、追撃があり、戦争のうわさが流れるのです。

すべての人のために世界を本当に変えるには、人々はまず自分のために自分の前向きな精神の力を体験しなければなりません。自分の人生に善と豊かさを実現できる、予測可能で不変の宇宙の法則と原理が存在するのだという確たる証拠を持たなくてはならないのです。

数世紀ものあいだ否定的な考え方をすり込まれ続けているため、私たちが先進国、あるいは先進工業国と呼ぶ地域の大半の人々は、「あるがままに」の段階に進む前に、「自分のふるまいによって」の段階を体験しなければなりません。B地点（「自分のふるまいによって」）を経験せずにA地点（「自分に」）からC地点（「あるがままに」）の段階に移るのは、飛躍しすぎていて居心地の悪さを感じるでしょう。「引き寄せの法則」と同じように、「許しの法則」の中で明らかにされるのは、人々が「自分に」の段階から「自分のふるまいによって」の段階へ速やかに移行するのを助けてくれるテクニックです。私が教える方法を使えば、あっという間に、目標や夢を実現できます。場合によっては二週間のうちに。ある読者や、講座の参加者は、二四時間もたたないうちに大きな成果を手にしました。この時点で、彼らは、自分の内面に秘めたパワーで求めるものをすべて実現できるという証拠を手にしているのです。

これらの原理——「引き寄せの法則」と「許しの法則」——が個人のレベルで働き、また生活を高めることができることが証明されれば、人々は、世界中のほかの人々に安心と確信を持ってこれらの原則を教えられるでしょう。

九章
究極の目標：個人の「許し」から世界平和へ

革命を起こそう

『許しと和解は空をつかむようなものでも、精神的なものでも、別世界のものでもありません。この二つは現実世界と関係があるのです。許しと和解は現実的政策です。なぜなら本質的に、許しなしでは未来はないのですから』

――デズモンド・ツツ大司教

私はアン・ランダースの大ファンでした。アンは長年にわたって複数の日刊新聞の人生相談欄に回答してきました。新聞の生活面をめくり、アンが毎日答える具体的なアドバイスを読むのが待ちきれませんでした。またアンが、自分が間違ったときやアドバイスがよくなかったときに、自ら進んでそれを認め、詫びていたことをすばらしいとも思っていました。一番楽しんだのは「アンの許しの日」でした。毎年アンは「許しの日」を宣言し、読者全員に、怨恨を抱く人を許すよう勧めるのです。アンはどう許すべきかを説明せず、ただそうするよう要求しました。その後アンあてに殺到した手紙は信じがたいものでした。人々や家族や壊れた人間関係が信じられないほど癒やされていたのです。アンが何の気なしに一年のうちの一日を許しの日だと宣言したとき、彼女は信じられないほど深遠な影響を大勢の人の人生に与えたのです。

私は、全世界が一年のうち一日を「許しの日」だと宣言したらどんなふうになるだろうと思いめぐらし始めました。一日が与える衝撃はどれほどでしょうか！　あぜんとするほどかもしれません。個人的な許しが個人レベルでどれほど人々を支援できるだろうと思うと、とても興奮しました。そうすればこの国やこの世界がどれほど変えられるでしょうか。

私が教えた許しのテクニックが、いかに速やかにエネルギーを動かし、人生を永久に変えるかについて、次々と報告をもらったので、私は、もしあなたがよければ、非常に大きな「引き寄せの法則」の目標——途轍《とてつ》もない目標——を立てようと決心しました。私はいつも反抗的なタイプでしたので、革命を起こそうという考えに心ひかれました。本物の反乱がもたらす情熱や興奮やエネルギーの動きが合わさって、私にやる気を起こさせました。けれども革命はよいことでしょうか？　私は歴史ファンなので、「革命」という言葉が必ずしももっとも前向きな意味合いを持つわけではないことを知っています。歴史では多くの革命が、ある時点で——言ってみれば——どこか「醜い」ものになりました。そこで私はこの難問の解釈を助けてもらいたいと、わがよき友、『メリアム・ウェブスター・カレッジ辞典』をめくりました。メリアムは、革命を「ものの考え方や何かを心に思い浮かべる方法を根本的に変革すること。パラダイムの変転」と定義していました。私はこの定義が気に入りました。激変は、難しかったり否定的だったり暴力的だったりする必要はないのです。私は、大勢の人々が「前向きな革命」を経験する時期だと悟りました。

また「許しの革命」ほど前向きなものがほかにあるでしょうか？　この革命は人々が本当に必要とするものであり、重要で、人々が熱心に試してみようとする平和なもの、人々の人生の夢や目標を速やかに達成できる助けとなるもの、人々の人生を根本的に、即座に、永久に、前向きに変えるものなのです。次々に寄せられるすべての成功物語やケースから、許しこそ私の方法のどれよりもエネルギーを速やかに動かすことができるものだということがわかりました。私が教える特殊なテクニックを誠実に実践するとき、前向きな結果がたいていは一週間かそれ以内に「だしぬけに」起こり、奇跡と言うしかないことがたびたび起きるのです。

それゆえ、私は革命——許しの革命——の始まりを宣言します。この本に掲載した思想や原理は、パラダイムの変転を生み出すことができるのです。

スティーヴン・R・コヴィは『七つの習慣——成功には原則があった（The 7 Habits of Highly Effective People）』（二〇〇五年、キングベアー出版）はパラダイムを「世界の見方——視覚という意味ではなく、把握したり、理解したり、解釈するということ」だと表現しています。私が述べている変転はとても大規模なうえに、強烈で、先例がないので、あなたやほかの大勢の人々が夢や目標にたどり着く方法を根本から変えるでしょう。しかも速やかに。

これまで見てきたように、私が教える許しのテクニックはエネルギーを解放し、動かします。バッテリーもベルもボタンもコンピュータもブザーも必要ありません。それゆえ、それは最先端の「社会科学」あるいは「精神科学」の一種として分類されることがあるのです。それはあなたの誠実さや意図や意志や行為を通じて、あなたの声や考えによって作動するのです。このエネルギーはあっという間に進むので、あなたは今にも「波及効果」あるいは「ドミノ効果」に直面するでしょう。これはつまり、あなたはたった一人にすぎないけれど、ほかの人々に強力な衝撃を与えることができるということなのです。このテクニックに見られる途轍《とてつ》もない、まだ利用されていない力を発動することで、あなたの家族や社会的つながりや、地域や、それからもちろん、世界にさえ衝撃を与えることができるのです。

今日、私はあなたを「許しの革命」への参加を呼びかけようと思います。この革命はこの世界に起きるもっとも新しく、もっとも強力な動きなのです。革命はまさに今ここで起きています。参加を一分たりともためらわないでください。


許しの革命にどうやって参加するか?


まず、参加の決心をして、実行に移してください。

次に二章に書かれた許しの原理と許しの宣言テクニックを読んで、実践してください。さらに気が向けば、ほかの人にも同じことをするように誘ってください。以下のサイトでさらに詳しいことがわかります。

www.JointheForgivenessRevolution.com　または

www.TheLawofForgiveness.com

私の最高の目標は、人々が伝統的に考え、理解し、実践してきた許しに、根本的変化をもたらすことです。この変化は一人一人を前向きにしてくれ、世界がかつて目にしたことがないほどの成果につながる、莫大な可能性を秘めています。**革命は始まっているのです！**

＊＊＊＊＊＊＊＊＊＊＊＊＊＊＊＊＊＊＊＊＊＊＊＊＊＊

許しの革命の会

私たちの使命：許しの社会的および心理的テクニックを理解し、導入することによって、前向きな目標を実現し、自分の生活、家族、地域社会、国をよりよくする。

私たちは誰でも受け入れます。多様性を受け入れます。許しという行為は、機会均等で、誰でも参加するよう招かれます。

私たちは、許そうと呼びかける声が聞こえる人々の生活を豊かにすることに努めます。

怒りや憤りや恐怖に支配されることから自由になりたいと願う人が決心することで、一つ一つの許しは始められるのです。

会員に階級はありません。なぜなら、癒やしと一体感の願いにおいては全員限りなく等しいからです。会員同士は、心に抱いた愛や、癒やしと一体感への願いや、行動の様子から、互いにそれと悟るでしょう。

会員一人一人は許しのテクニックを積極的に実践することで、また準備が整っていれば模範例を用いて指導することで「許しの革命」を進めていくでしょう。

会員は嬉々としていて、疑惑や恐怖を卓越していきます。と言うのは、仲間の仕事ぶりはすばらしく、証拠は圧倒的だからです。

＊＊＊＊＊＊＊＊＊＊＊＊＊＊＊＊＊＊＊＊＊＊＊＊＊＊

大局的な見地：許しと次世代

許しについては何年も話し合われてきましたし、たくさんの本がこの主題について書かれてきました。許しに専念する全面的革命をなぜ私たちは始めるべきなのでしょうか？　もしあなたがそう尋ねれば、ほとんどの人々は、説明のどこかで互いに許し合う大切さを、また次世代のために世界を守る大切さについて言及するでしょう。今次世代を守ったらどうでしょう？

驚く人もいるかもしれませんが、アメリカ疾病予防管理センター（ＣＤＣ）によると、アメリカの一〇代の若者と成人青年のもっとも多い死亡原因は、事故についで、殺人と自殺だそうです。信じがたいことですが、この事実をもう一度言わせてください。アメリカの若者の大半は、事故についで、他人による、または自らの手による殺害によって死んでいるのです。文明社会にとって、まったく受け入れがたい事実です。この事実は、私たちは小児病の蔓延をかなりよく防いでいるということを示しています。昔は、若い世代の死亡原因は小児病が一番の原因だったものです。けれどもこの事実はまた、今日の若者が直面する心の悩みに取り組むには新しい戦略が必要なのだということも教えてくれています。私たちは今、これまでにもまして、暴力行為や報復の前向きな代案として、若者に許しの宣言テクニックを教えるべきなのです。

私たちの子どもたちは、小さい頃から映画やテレビや人気のあるテレビゲームで、暴力行為や報復で怒りや欲求不満を解決してもよいと教えられています。映画の筋全体やビデオゲームの戦略は報復することが、悪を正す第一の方法として用いられるような形で展開されます。最近、三年生の子どもたち数人が、先生を殺すために学校に銃を持ち込んだとして逮捕され、国中が衝撃を受けました。けれども本当にそれは驚くべきことだったのでしょうか。

ギャングの暴力行為やテロをよく調べてみると、愕然とするような類似点が見つかります。ギャングやテロリストグループは、もっぱら特定の宗教や人生哲学や生活様式に基づいて組織されると多くの人は信じています。けれども冷静に調べてわかる事実は、この国のギャングも、この国や外国のテロリスト組織も、主に決まった職を持たず、社会が提供する通常のメカニズムでは成功を勝ち取れないと感じる不満を抱えた若者で構成されているということなのです。中産階級の生活を続けるのに十分なお金を得られる正社員になることができない若者が、ギャングやテロリストグループのかっこうの新入りとなるのです。これらのグループは、より膨大な人口と比較すると数は少ないのですが、彼らが起こすテロや暴力行為が非常に大きな恐怖や反発の動きを引き起こしたので、この国や他国に衝撃を与えてきたのです。ほとんどの人々が、何とかしなければという共通の思いを抱いています。「一オンスの予防薬は、一ポンドの治療薬に値する（転ばぬ先の杖）」という古い格言は、間違いなくこの難問にあてはまります。

希望のメッセージと許しの戦略を示してこの国の若者たちに手を差し伸べることで、彼らの未来だけではなく、彼らの物の見方にも途方もない違いをもたらすことができます。たった一人の若者が憤怒や怒りをあらわにする生活から救われるだけでも、この社会全体がより安全な場所になるのです。

大勢の人々はいまだに、解決するには刑務所を増やし、より多くの爆弾を落とし、破壊を増やすことだと信じています。合衆国では、現在、世界のどの国よりも多くの囚人を刑務所に収監しています。アフリカ系アメリカ人は、一年生としてアメリカの大学に入学する人数よりも刑務所内にいる人数のほうが多いのです。確かにわが国には、ほかのどの国よりも多くの爆弾や大量破壊兵器を収めた大きな兵器庫を所有しています。私たちは今や、学校に銃を持ち込む三年生を収容するために刑務所を増築しようとしているのでしょうか？　ほかの戦略を考えるときではないのでしょうか。

戦争に費やされるお金のうちのほんの少々だけでも、この国の若者たちや、テロリストのいる国の若者たちを年長の助言者が適切にしつけ、教育し、雇用するために用いていたらどうなっていたのでしょう？　戦略としての許しには夢を実現させるパワーがあるのだと人々に教えていたらどうなっていたのでしょう？　「自由の法則」の真の意味を教え始めたらどうなるのでしょう？　「自由の法則」は自分の権利や自由を守るたった一つの方法は、たとえ相手が嫌いで、意見が合わず、「くたばってしまえ」と思っている相手だとしても、その権利や自由を保護することだと教えています。人々に、あなたの自由を破壊し、権利を奪い去れば、最後には自分の自由や権利も破壊することになるのだと教えたらどうなるでしょう？　わが身かわいさから、いったん人々が宇宙の法則の働き方を理解すれば、人々はもっともっと許す気になり、他人の権利を守り、保証しようとするでしょう。

許しを通じて世界平和と和解にたどり着いた過去の事例：ネルソン・マンデラ、デズモンド・ツツ、そして人種隔離政策《アパルトヘイト》の廃止

インターネットや即時的コミュニケーションの到来で、平和成就のための戦術は変わりつつあります。量子物理学の理解が深まり、ホログラフィックな宇宙を支配する法則の理解が進んだことで、さらに未来はすばらしい可能性にあふれているように見えます。将来平和成就がどのように達成されるかを学ぶ前に、過去を再検討し、戦略として許しを用いた平和的な平和実現の最高の例をいくつか検証することが大

切です。

　歴史の大部分が戦争や追撃や戦争のうわさに満ちているので、平和や和解が許しで実現できると信じるのは難しいことです。隔てていた壁は崩れ落ちことがある、また野蛮で血にまみれた過去を一つの武器もなく停戦させることができると信じるには、想像力を必要とします。けれども、それは十分可能だと私たちに確信させてくれる歴史上の例はいくつか存在しています。ほとんどの歴史家が、政治に関係なく、歴史上の大規模な非暴力平和活動でもっとも成功した戦略だと口をそろえるある例をお伝えしましょう（ほかにも、ガンジーやマーティン・ルーサー・キング牧師のような偉大な指導者が行なった非暴力的平和活動の非常に優れた例がありますが）。

　もっとも大規模で最新の例は、南アフリカが取った方法で、南アフリカはこの方法を通じて、人種隔離政策《アパルトヘイト》を終わらせ、現政府を民主主義的に選ばれた、人種差別主義や性差別の終焉に専念する政府に置き換えることに取り組みました。アパルトヘイト政府は一九四八年に発足しました。ヨーロッパ系の子孫だった支配者たちは少数派で、数の上ではアフリカの伝統的な民族の人口に圧倒されていました。権力が維持できないのではないかと恐れた支配者の白人少数派は、地域社会のあらゆるところで政府主導の人種差別を始めたのです。黒人の住民は、たびたび強制的に退去させられ、多くが極貧にあえぐ再定住地に送られました。白人は一番よい地区に住み着き、立派な施設とよい仕事を自分たちのために確保しました。南アフリカでは、少数派の白人が権力に固執して譲らなかったので、長年にわたって多数の暴動が起きました。

『No Future without Forgiveness（許しなしに未来はない：仮題）』の中で、著者のデズモンド・ツツ大司教は、一九八九年のベルリンの壁の崩壊が、どのようにアパルトヘイトの終焉を可能にした瞬間へとつながったかということについて述べています。南アフリカは共産主義に対抗するための拠点であると西側諸国は認識してきました。それゆえ西側諸国は、冷戦が終わるまで、アパルトヘイトが残り続けるのを問題にせず容認していたのです。共産主義の脅威が過ぎ去り、民族の違いに基づいて作られた厳しい階級制度を大きく変える新しい機会が南アフリカにもやってきました。この点においては、一つの平和的な変化が次の変化へとつながったのです。一九九四年四月二七日、南アフリカは、民主的に選ばれた初めての政府を樹立しました。ネルソン・マンデラ大統領が、民主的に選ばれた初代南アフリカ共和国元首に選任されました。

新しい政府の樹立で先立つ問題は、過去にどう対処するかでした。第二次大戦後、戦争犯罪を裁くため、ドイツのニュルンベルクに設置されたような戦犯法廷を設置すべきだろうか。さまざまな理由から、新生南アフリカ政府は、戦犯法廷の設置は国にプラスにならないと感じました。政府は多くの人々を驚かせるような選択をしました。彼らは、人種隔離政策《アパルトヘイト》の名のもとに、彼らの仲間である黒人住民を迫害し、殺害し、危害を及ぼしてきた白人に対し、恩赦と許しの処置を選んだのです。政府は包括的恩赦を望みませんでした。包括的恩赦では人々が一部始終を語り、過去を癒やす機会を逸することになると感じたからです。そこで、新任のデュラー・オマー法務大臣は、真実和解委員会を設立するため、議会に法案を導入しました。ネルソン・マンデラ大統領は、デズモンド・ツツ大司教を真実和解委員会の委員長に指名しました。罪を犯した人々は、恩赦を求めることを認められ、真実和解委員会の前に進み出、委員会は各々の罪状を審理しました。真実和解委員会の設立を可能にした暫定憲法がこの委員会をもっともよいものだと語っています。

『この憲法は、不和や争いやはかりしれない苦しみと不公平が特徴の、厳しく分けられた過去と、肌の色や人種や階級や宗教、性別に関係なく、すべての南アフリカ人に人権と民主主義と平和的共存、そして機会均等を認めることを基盤とした未来のあいだの歴史的架け橋となる。国家の結束の追求と全南アフリカ人民の幸福と平和のために、南アフリカ人民と社会の復興との和解が必要である……』

真実和解委員会が用いた方法では正義が行使されないと多くの人が感じていました。他人に対して信じがたい残虐行為を犯した人間が、罪を告白し、犯した罪の責任を受け入れ、事実をすべて明らかにしただけで立ち去るなどということが理解できなかったのです。罪人は、自分の犯した罪に対して自責の念や謝罪すら表明するよう言われることもなかったのです。彼らの多くはいずれにせよ、後悔や謝罪の言葉を口にしましたが。

「統一・和解促進法」に必要な条件が整ったとき、恩赦が直ちに与えられ、また罪人の法廷記録は、その罪状については白紙となりました。罪人も国家も責任を負わなくてもよくなったのです。

真実和解委員会の正義に対する理解に疑問を呈する人々に対し、ツツ大司教は次のように述べました。

正義に対して私たちが抱く概念が、その主たる目的が懲罰を与えることであるという応報的正義の場合は、正義が執行されなかったと言い張る人もいるかもしれません……。私たちはほかの種類の正義、つまり修復的正義があると主張します。修復的正義は伝統的なアフリカ法学に特有のものです。主要な点は、仕返しでも、処罰でもありません。Ubuntu（アフリカの言葉で「他者への思いやり」の意）の精神において、大事なのは不和を調停し、不均衡を是正し、壊れた人間関係を修復し、犠牲者と罪人双方の復帰を目指すことなのです……。攻撃を、ある人の身に起きて、その結果、関係を決裂させるようなものだとみなすと、これはさらに個人的な取り組みとなります。従って私たちは、癒やしや許しや和解への取り組みに努力が払われているとき、修復的正義という正義が執行されていると主張するのです。

ご想像通り、真実和解委員会の前での公聴会では人々があまりにも泣き叫ぶので、この委員会をクリネックス委員会と呼び始める人もいました。自白し、感情を発散させる機会が南アフリカに過去を癒やし、新しく希望に満ちた未来を始める機会を提供したのです。許しと和解は、犯された残虐行為を許したり大目に見たりすることではありません。暴力行為の連鎖の終焉を意味するのです。

この非暴力による和平の物語はたぐいまれなものですが、南アフリカがその後、不安も心配もなく、いつまでも幸福に暮らしたわけではありません。南アフリカは今なお、新たに見出だした自由と苦闘し、成長を続けています。現行の政府は過去の過ちを決して繰り返してはいけないと常に念じています。

未来の平和を担う人々

今日の若い世代から次のネルソン・マンデラ、あるいはデズモンド・ツツが生まれるでしょうか？ 多くの人々は、今日の若者は携帯電話や音楽プレーヤーにかかりきり、気を取られ過ぎていて、自分のまわりで起きていることにまったく気づかないと思い込んでいるので、新しいマンデラやツツが生まれてくるとは考えていません。でも私は今日の若い人々に対して違った見方をしています。若者たちは活動家で、政治や健康管理、世界平和、自然環境保護、人権に関心を抱いています。ただ、彼らは私たちとは異なった方法で互いにつながっているのです。

今日の若者は即自的コミュニケーションが可能な仮想世界で暮らしています。六〇年代や七〇年代とは違い、今日の若者は自ら望まない限り、接触をはかるためにグループで集まる必要はないのです。たとえば二〇〇八年のアメリカ大統領選挙へとつながった若者の革命を取り上げてみましょう。アメリカに大改革をもたらしてくれるはずだと当時信じていたものをもたらそうとして、若者の多くが、携帯電話やインターネット、チャット、メール、ブログや、ソーシャル・ネットワーク・サービスを使って、バラク・オバマを支持しました。彼らの革命は六〇年代よりはずっと静かだったかもしれませんが、今後、昔の革命と同じくらい奥が深くなっていくだろうと思っています。街頭に繰り出したり、座り込みをしたり、デモを行なったりしませんでしたが、彼らは実際に自分たちの声を響かせたのです。彼らは電子機器を使ってこの国にこれまでなかったような大規模な組織作りの第一線に従事しました。決断の日、実行の日、彼らはほかの世代の人々と結束し、新しい指導者、わが国が進む新しい方向だと信じるものに投票を行なう記録的大多数の民衆となりました。怒りたけった暴徒も、警察のバリケードも、催涙ガスも、留置場に引きずり込まれる人々もいませんでした。それでもアメリカの若者は、アフリカ系アメリカ人を初めてアメリカ合衆国の大統領に選ぶという重大な社会変化の上で非常に大きな役割を果たしたのです。

すべての若者がこのように投票したわけではなく、誰もがバラク・オバマを選択するのに同意したわけではありません。それでよいのです。私は特定の政党または宗派を支持すると主張しているわけではないのですから。私が言いたいのは、若者がさまざまな観点を持ち、「我々は変化を望んでいる」と記録的多数と化して声を響かせ、自分の意思を知らしめたということです。彼らは自国で行なわれていることが気に入りませんでしたが、怒りにかられた行動や暴力に走りませんでした。彼らの革命は平和的に行なわれました。アメリカの若者たちはアメリカに、この世界に、平和をもたらすための新しい道を求めて、許しを受け入れる用意があり、「許しの革命」に進んで参加するように思われます。

量子物理学、ホログラム――現代科学の驚異――平和成就と許し

三章では、私たち個人の夢や目標をかなえるため、許しのテクニックを用いたエネルギーの移動方法を論じました。思考や祈りや瞑想を通じてエネルギーを動かす方法は量子物理学とホログラフィック宇宙モ

デルで説明できるとお伝えしました。宇宙の法則はまた、世界平和や和解をもたらすために用いることができます。この新しくて興奮させる方法について一番よいニュースは、家庭での安らぎを捨てることなく世界平和運動を大々的に実行できるということです。現在のところ、科学的に効果が立証された平和への新しい試みがいくつかあります。私たちに進むべき方向を教えてくれるかもしれない「一パーセント」と呼ばれる運動があります。「一パーセント」は多様な方法を取る多様な宗教の人々が集まってできた最初の運動で、祈りと瞑想で和平を試みるものです。一人一人が（自らの伝統の信仰に基づき、または特定の信仰を持たなくても）自分が一番心地よいと感じる方法を用いて、平和と幸福を願い、祈ります。

この運動は、あらゆる形態や信仰の異なる社会を、平和や幸福のための日々の祈りや瞑想の実践に参加させ、その効果を調べるために組織されました。この組織は、十分な数の人々が深く瞑想したり祈ったりするとき、個人の思考や善意の波及効果が生まれ、その勢いが広がり、社会全体に届くと信じています。またこの組織は、政府や国、組織や団体といった共同体をどのように許せばよいのかというよい例を提供しています。

これはとても奇妙に聞こえるかもしれませんが、実際に科学的な研究で確認されています。紛争管理の世界的な専門家とみなされているメリーランド大学のジョン・デーヴィス博士は、戦争地帯で厳密に管理された研究を行なってきました。彼の研究成果は論文審査のある専門誌で発表されました。デーヴィス博士は、社会のたった一パーセントの人が、一日わずか二五分から四五分を平和への祈りと瞑想に費やすと、社会全体が平和に近づくことを発見したのです。デーヴィス博士の研究では、社会で八〇パーセントも暴力が減少することがわかりました。人々は互いに殺し合うのをやめるだけではなく、団結することができるようになり、たとえ敵であっても協力して働き、パートナーになれるという新しい可能性を受け入れることができることを発見したのです。

この事実から、明確な思いが世界に与えることのできる途方もない効果がわかります。祈りと瞑想は個人的にすばらしい成果をあげることができます。けれども、他人と協力して行なうと、こんな深遠な結果を招くことができると誰にわかったでしょうか？　一パーセントそここの人々が政府と国の紛争を解決するためのテクニックとして、集中して許しを行なったらどうなるだろう、と想像してみましょう。もしも私たちのうちの一パーセントが、政府と国民とのあいだの紛争を解決するために集中して努力したらどうなるでしょう？　もしも人々に自国の政府の指導者とほかの国の政府の指導者を許すことを教えたらどうなるでしょうか？　あなたはこれらの行為が、ごく短時間に引き起こすはずの衝撃を想像することすらできないのではないでしょうか。

許しや和解や平和成就を成し遂げるために過去に用いられた方法は、これから進むべき道を示してくれる価値のある地図を与えてくれています。しかし私は、未来の平和成就は、多くのものと同じように、時代とともに変わっていくだろうと思います。過去にとらわれすぎて目の前にあるものを見逃すことのないようにすることが大事なのです。インターネットは私たちが世界中のほかの人と触れ合う新しい機会を増やしてくれるでしょう。インターネットによって私たちは、許し、和解し、平和を実現するための努力を組織化することができるでしょう。将来、祈りや瞑想や向けられた思いが、私たちが手を差し伸べる人々の心や気持ちをやわらげるのだと科学によって証明されるでしょう。今や万人が、事実上ボタンをクリックするだけでそれができるのです。

許し：もっとも強力な戦略

許しは、忘れることや大目に見ることではありません。弱虫になることでも、急を要するのに国を守らないという意味でもありません。ロビン・カサージアンは著書『Forgiveness: A Bold Choice for a Peaceful Heart（許し、平和な心への勇気ある選択：仮題）』でこう述べています。

『許し――大目に見るのでもなく、逃げるのでもなく、感覚をなくすのでもなく、忘れるのでもなく、許すこと――を私たちが学ぶまでは、私たちは自分の苦痛と怒りによってつき動かされるでしょう。また油断のならないことに、私たちの怒りは怒るのももっともだと思えるものを攻撃します。私たちは苦痛を抱えるでしょうし、苦痛をあらわにするでしょう。私たちはさらに苦しみを声高に唱えるでしょうし、もっともっと別離を繰り返すでしょうし、被害者にも加害者にもなるでしょう。主人公にも相手にもなるでしょう。私たちは歴史が教えてくれる教訓を学ぶことはないでしょう』

許しは爆弾や破壊で国々を服従しろと脅すことに比べると、弱々しい戦略だと思う人もいるかもしれません。しかし、このたぐいの死や破壊は誰の役にも立たないと歴史は何度も教えてくれています。マリア・モンテッソーリはモンテッソーリ学校を設立し、「永続する平和の確立こそ教育の果たすべき仕事である」と信じていました。

モンテッソーリは、平和を成就するための新しい戦略とテクニックを発見するために科学的コミュニティーと手を組むことを勧めています。モンテッソーリは、戦争と腺ペストで興味深い比較を行なっています。腺ペストはヨーロッパ人口の三分の一の生命を奪ったとされています。この疫病が克服できたのは、隠れた原因が科学の研究対象になったからだと彼女は述べています。戦争と同じように、疫病の蔓延は散発的にしか起こらず、予測できないことがほとんどで、アテネ神殿の建設を指揮したペリクレスや、コンスタンティヌス大帝、ローマ教皇グレゴリウス一世といった歴史上の人物の名がつけられました。また個人が責任を問われたり殺されたりするか、一群の人々が殺されることがほとんどでした。疫病の直接の原因が、当時の非衛生的生活環境で繁殖したネズミの大群についたノミが運んだ微生物だったということを発見したのは科学的研究だったと、モンテッソーリは指摘しています。モンテッソーリはこう述べました。

『科学的な研究方法がなければ、いったい誰がペストの直接的原因を発見できただろうか』

科学的研究を許しのテクニックに応用すると、平和を築き、維持するためのまったく新しい対応策を見出すことができるかもしれません。戦争や政治的混乱の原因の一つは、おそらく自分自身や他人への許しの欠如でしょう。それがもし事実だと実証されれば、科学的発見は政府が過去に互いに調和して生きようと試み、用いてきた従来の方法をがらりと変えてしまうでしょう。暴力は逆効果であるばかりか、まったく不必要なのだとますますはっきりするでしょう。新しい方法、つまり少なくない数の人々が、まったく思いつきもしなかった方法が、すべての国の平和と繁栄を支える方法として受け入れられた戦術として登場するかもしれません。思いやりや簡単さのせいで無力だとみなされてきたものが、もっとも強力で、もっとも賢明で、もっとも求められている最適の戦術となるでしょう。

　これはばかげた、あるいは不可能な考えだと思うかもしれません。結局、人々は何年ものあいだ許しを説いてきたのですから。覚えておいてほしいのは、許しの独特で簡単なテクニックは、以前は、教えやすく、簡単に飲み込め、またそれを試す多くの人にびっくりするくらい効き目がある形式にまとめられていなかったことです。許しのような古い発想をまったく新しい方法で考えることは、私たちがずっと探してきた聖杯、または「千金に値する真珠」なのかもしれません。

なぜ今、許しを通じて平和を遂行するのか?

　この国の若者のため、この国の老人のため、この国の離婚した人のため、私たち自身のため、私たちが気遣うすべての人のため、今が「許しの法則」を世界に紹介する完璧なタイミングだと私は信じています。『秘密』の成功が示したように、大衆は、暮らしをよりよくするために用いることができる宇宙の法則と原理があると気づき始めています。また、許し、許される必要があるということは、あらゆる人の心に響くように思える不変のテーマです。もしごったがえした部屋にいる人々に、過去や現在で誰かを許す必要があると感じている人はどれくらいいらっしゃいますかと尋ねると、ほとんどすべての手が上げられるでしょう。すべての許しを実践し終えましたという人に会うことはほとんどありません。許しは常に大事なテーマで、逃がれることなどできそうもありません。なぜ今が「許しの革命」にぴったりのタイミングなのでしょうか。

「なぜ今なのか？」については納得できる理由が多数あります。主なニュースの放送局はすべて、多数のアメリカ人がこぞって変化に飢えているというテーマを繰り返しています。大勢のアメリカ人は、過去の戦略ではうまくいかないと悟っており、自分たちの国や自分たちの世界を共にするほかの人たちの暮らしだけでなく、自分の生活も改善するような新しいあり方や触れ合う方法を探しているのです。あなたも「許しの革命」に参加してください。この革命は、前向きな活動にほかの人と加わり、許しが私たちの生活、この国、またこの世界にもたらすことのできるすばらしい結果に加わるためのすばらしい機会をあなたに提供します。

なぜ今なのか？　私の依頼人が個人的許しから受けたすばらしい結果に加え、私たちの歴史上におけるこの時、大勢のアメリカ人が、関係を国際的によりよく発展させる方法を探し求めています。「許しの革命」のような前向きな活動に加わることで、アメリカ人は傷ついた人間関係を修復し、平和な国際社会に手を伸ばすための体制と支援を手にすることができるでしょう。大勢のアメリカ人が戦争について考え、戦争は恒久平和にたどり着くためのよい戦術ではないと結論づけています。アメリカ人は世界の隣人たちと交流するための新しい戦略を進んで試してみようとしています。私が教える許しの宣言テクニックは、民族や宗教、性別、文明、国民性といったすべての差異を超越するので、一考するのにぴったりの戦略です。あらゆる主要な言語に許しを意味する言葉があり、許しには文明的重要性や普遍的な訴求力があることを示しています。世界の主な宗教や哲学が許しの必然性を強調しています。

なぜ今なのか？　私たちは新しい世紀に突入したばかりです。いくつもの古代文明の預言者たちが、私たちが生きる時代はとても重要となるだろうと予言しています。——大いなる平和の可能性、あるいはそれと同じ確率で大いなる破壊の可能性があると。「許しの法則」と「許しの革命」を世界にもたらすことは、世界の歴史上、このめざましい時代に、平和と和解の歴史へと「変化を創り出す」ため実際に助けとなるかもしれない強力な戦術を私たちが手にする貴重な機会となるのです。

どうぞ信じてください、事実なのです。一握りの熱心な人たちが世界に、許し、許されるためのシンプルなテクニックを伝えることに専念すれば、私たちは本当にこの国や世界を破壊の時代ではなく、平和と和解の時代へと移行させる手助けができる強力な教訓を提供することができるのです。

局地的に許し、包括的に恩恵にあずかる

『大多数の男女が、知恵の一環として簡素や正直や忠実でいることや、愛と美に取り組むこと、つまり至高善を学んだらこの地球はどんなふうになると思いますか？』

――エルバート・ハバード

要するに、個人と個人のあいだの私的なレベルで作用しようと、国家間のさらに包括的なレベルで作用しようと、許しのパワーは本物だということが明らかになるのです。恒久的な世界平和の達成に必要な許しは、個人一人一人が自分の怒りを手放すと決意することから開始できるのです。まず私たちは、自分にひどいことをしたと感じる人々をすべて許さなくてはなりません。私たちが自分自身の痛みや憤懣を手放すことができれば、他人にも同じことをしてもらえるでしょう。そうすることによって確実に恩恵を受けるということを知れば、このプロセスを実行するのが少し容易になるでしょう。

個々人の許しの行為によって解放されたエネルギーのさざ波が一つに合わさって世界の国々がもはや無視できない大うねりが作り出されれば、最大の恩恵が成就されるでしょう。その日、盛大なファンファーレはありませんが、ライフルの銃声が響くことはなくなり、憎悪と分離の壁は崩れ落ち、また兵器はすきの刃や刈り込み鎌、芸術作品に変わるでしょう。世界中の人々が、この平和はどうやってこれほど静かに達成されたのだろうといぶかりながら畏敬の念に打たれるでしょう。国家間の真の恒久的平和は、自分たちが許しを実践し、自分自身が平穏になるときにのみ実現することができるのだとようやく理解するでしょう。これはイエス・キリストが「内なる神の国」と呼ぶものです。恒久的平和は戦争や戦争のうわさでは成就できないと歴史がこれまでに何度も証明しています。

私は、この本のテクニックを用いた許しについて学んできたすべてが、この世界の人々や国家間の壊れた関係に直接適用することができ、その結果、真に癒やされることができ、個々の、または包括的な許しや平和や和解の新時代をもたらすことができるよう、願ってやみません。

監訳者あとがき

鬱積した怒りを解放するだけで人生をプラスの方向に変える？　まさか！　この本を手に取った皆さんはきっとそう思われるに違いありません。

けれどもこれまでの人生で抱いた怒りのパワーを思い返してみてください。負の力の強さを感じたことがきっとあるはずです。

想像してみてください、このパワーを解放して正しい方向に向けることができれば……。身体的変化や精神面の変化は容易に想像できますよね。けれどもコニー・ドミノ氏はさらに進んで、願いや夢をかなえることもできると断言しています。

『許しの法則』はスピリチュアル初心者の私にはにわかに信じがたいものかと思われましたが、訳を進めるうちにそのパワーの存在を信じられるようになりました。何よりも、許しを実践するうちに娘との関係がよいほうに変化してきたのです。

皆さんも、まずはご家族に対して試していただき、人生の新たなステージに一歩を踏み出していただければと思います。

二〇一七年　一二月　西沢有里

著者略歴

看護学士、公衆衛生学修士、正看護師であるコニー・ドミノは、全国で評価されているライフコーチで、『引き寄せの法則：強力な引き寄せの力を身につけよう』という霊感にあふれた本の著者です。コニーは二〇〇一年から「引き寄せの法則」講座で教えています。コニーは、彼女の明白でわかりやすく、力強い教えによって、早々と夢や目標を次々と実現できたと報告する受講者たちがたくさんいることで有名です。コニーはまた、トレーナーであり、講演者であり、公衆衛生教育者、正看護師でもあります。企業や健康増進と心身健康教育に二〇年以上携わっています。また、支援団体の世話役や教育カウンセラーやる気を起こさせる演説家としての訓練と実務を経験しています。チャペルヒルのノースカロライナ大学で、看護学科の臨床学助教授も務めています。全国放送や地方局のラジオやテレビのトークショーでインタビューに応じたこともあります。フロリダ州立大学の看護学科で学位を取得し、チャペルヒルのノースカロライナ大学で公衆衛生学科の修士を取得しています。夫、二人の子どもと、ノースカロライナ州、ローリーに在住。

著書やCD、会報、人生または組織のコーチ、講座、ご相談の電話についての詳しい情報は、次ページのコニーのウェブサイトにアクセスしてください。

www.TheLawofForgiveness.com

www.JoinTheForgivenessRevolution.com

www.conniedomino.com

監訳者略歴

西沢有里（にしざわ　ゆり）

旧大阪外国語大学ドイツ語学科卒業。バベル翻訳大学院（ＵＳＡ）修了。

『玄天〈第一巻〉白虎』、『自由に羽ばたける子どもを育てよう――のびのび育児のすすめ』、『にげだしたドラゴン』、ローシーの扉シリーズ『亡霊の島』、『時の扉』（バベルプレス）を監訳。

翻訳者略歴

大崎温子（おおさき　よしこ）

一九三八年富山県生まれ。津田塾大学英文科卒業。バベル通信教育講座本科修了。

『Me, Inc. 〜エッ！〝私〟って会社なの？〜』（バベルプレス）を共訳出版。

本作品は、人生、生きていくための指針を語り、世界平和につながっていってほしいと願っています。

著者は、御自分の振る舞いが自分の環境を作るのだとも述べています。きっと人生のどこかでプラスに働くこともあるでしょう。

許しの法則

許しのパワーを用いて、あなたの人生に幸せを引き寄せましょう

発行日	2018年3月20日
著　者	コニー・ドミノ
翻訳者	大崎温子
監訳者	西沢有里
発行人	湯浅美代子
発行所	バベルプレス（株式会社バベル） 〒180-0003 東京都武蔵野市吉祥寺南町2-13-18 TEL　0422-24-8935 FAX　0422-24-8932
装　丁	大日本法令印刷株式会社
印刷・製本	大日本法令印刷株式会社

定価はカバーに表示してあります。

落丁・乱丁本の場合は弊社制作部宛てにお送りください。
送料は弊社負担にてお取り替えいたします。
ISBN 978-4-89449-171-7